다니엘 금식

뜻을 정하여

다니엘 금식

몸과 영혼을 살리는
최고의 영적 훈련

수잔 그레고리 지음
임신희 옮김

아바서원

책을 읽기 전에

이 책 《다니엘 금식, 뜻을 정하여》에는 매우 건강한 식단이 소개되어 있다.
하지만 우리는 창조주이며 위대한 의사이신 하나님과 이 땅의 의사들이
일할 수 있도록 도와주어야 한다. 식습관과 운동 패턴을 완전히 바꾸고 싶다면
건강 전문가와 꼭 상의하라. 금식이 몸에 해로운 것은 절대 아니다.
하지만 특별식을 해야 하는 상황, 예를 들어 임신을 했거나 수유 중이라면,
암이나 당뇨병 같은 지병이 있다면, 그리고 성장기에 있거나 보통 사람들보다
더 많은 에너지를 정기적으로 써야 하는 운동선수라면, 건강 전문가와 상담해
자신의 몸에 맞는 방법으로 다니엘 금식 계획을 조절하기 바란다.

차례

가장 높으신 하나님께 사랑받는 당신을 축복한다! 당신은 지금 인생이 바뀔 만큼 흥미진진한 영적 모험의 출발선에 서 있다. 금식은 우리를 창조하신 분이 우리를 그분께 더 가까이 가게 하도록 설계하신 강력한 영적 훈련이다. 특히 '다니엘 금식'은 몸과 영과 혼(body, soul, spirit)을 모두 포함하는 전 인격을 넘나드는 경험이 될 것이다.

나는 '다니엘 금식'이 이 시대를 살아가는 하나님의 자녀들에게 힘을 주고 그들을 강건케 하는 데 기름 부으심을 받았다고 믿는다. 세상의 제도들이 흔들리고, 비만과 질병이 만연하고, 어둠의 권세가 날마다 세력을 더하고 있는 이때에, 나는 사람들이 하나님께로 마음을 돌려 기도와 금식에 헌신할 때 일어나는 기적을 목도해왔다.

성경은 '열매로 우리를 안다'고 이야기한다. 나는 '다니엘 금식'을 실천하는 동안 자신의 삶이 완전히 바뀌었다는 고백을 지난 몇 년간 수많은 메일과 메시지를 통해 경험하고 있다. '다니엘 금식'은 믿음과 선함과 건강함으로 사람들을 변화시키는 좋은 열매를 많이 맺고 있는 것이 분명하다. 성경적 훈련을 담은 이 책《다니엘 금식, 뜻을 정하여》개정판이 나오게 된 것을 내가 그토록 기뻐하는 이유다. 나는 하나님이 다니엘 금식 훈련을 허락하시고 성령이 힘을 주신다고 믿는다.

우리는 금식하며 기도했던 다양한 사람들을 성경 곳곳에서 볼 수 있다. 욥, 요나, 에스더, 이사야, 다윗, 예레미야, 다니엘, 요엘, 세례 요한, 예수님, 마태, 마가, 누가, 요한 그리고 바울이 금식을 했다. 성경 곳곳에 나타난 금식은 우리의 믿음 생활에 일반적으로 적용할 수 있는 경건 생활이다. 금식은 교회의 교리나 전통에 의해 탄생한 법칙이 아니다. 오늘날 많은 사람이 발견하고 있듯이 하나님이 그분의 자녀인 우리를 도와 우리와 더 가깝게 소통하려고 창조하신 도구다.

우리는 금식이 음식물에 관한 것이라는 사실을 잊어서는 안 된다. 금식은 영적 목표를 위해 모든 음식물 혹은 일부 음식물을 제한하는 것이다. 금식이 언제 어디서 시작되었는지는 정확하지 않지만, 하나님은 어떤 특정한 시기에는 특정한 음식물을 먹지 않도록 백성들에게 명령하셨다. 출애굽기 12장에 나타나 있듯이 하나님은 유월절 또는 무교절을 시작할 때 우리가 무엇을 먹어야 하고 무엇을 먹지 말아야 하는지 매우 구체적으로 지시하셨다. 모세가 시내 산에서 하나님을 만났을 때(출 34장) 그는 40일 동안 먹지도 마시지도 않았다.

그렇다면 '다니엘 금식'이란 무엇일까? 다니엘서 첫 장에서 우리는 젊은 선지자들이 바벨론과 유대인의 관습 차이 때문에 긴장 상태에 있었다는 내용을 읽을 수 있다. 그 이유는 음식물과 관련된 것이었다. 다니엘은 아브라함과 이삭과 야곱의 하나님을 위해 구별된 자신의 몸을 더럽히기를 거부했다. 바벨론의 거짓 신들에게 바쳤던 고기와 포도주를 먹을 수 없었다. 다니엘과 그의 친구들은 하나님께 진실하려고 부분 금식(영적 목적으로 음식물 섭취에 제한을 두는 것)에 들어갔다.

성경의 다른 부분에서도 우리는 영적 훈련의 한 방편으로 금식을 했던 하나님의 사람들의 이야기를 찾아볼 수 있다. 오늘날에도 여전히 설교자들과 성경 교사들은 금식의 필요성을 강조한다. 하지만 금식의 방법론에 대해 차근차근 지도해주는 사람은 극히 드물다.

나는 그것이 하나님이 내게 주신 사역이라고 믿고 있다. 수많은 성인 남녀들 및 십 대들과 다니엘 금식에 대한 이야기를 나누면서, 사람들이 금식하는 방법에 대해 자신들에게 구체적으로 알려주기를 원하고 있음을 알게 되었다. 사람들은 '금식에 관한 것'을 알고 싶어 하는 것이 아니라 '금식하는 방법'을 알고 싶어 한다. 그런 면에서 이 책은 다니엘 금식을 성공적으로 해낼 수 있도록 돕는 안내자 역할을 할 것이다. 나는 독자들이 이 책을 읽고 성경적 금식법을 배우고 훈련하여 그것이 가져다주는 커다란 유익을 얻게 되기를 소망한다. 이 책에서 독자들은 다음과 같은 것들을 배우게 될 것이다.

1. 금식이 우리를 하나님께 가까이 가도록 도울 수 있을까?
2. 금식 기간을 연장하기 전에 무엇을 물어야 하나?
3. 금식의 목적은 무엇인가?
4. 다니엘 금식으로 몸과 영혼을 부요하게 하려면 어떤 준비를 해야 할까?

5. 다니엘 금식에서 말하는 제한적 식단은 무엇인가?

6. 다니엘 금식과 어울리는 조리법은? (21일 동안 다니엘 금식을 실천하기 위한 충분한 아침, 점심, 저녁 그리고 간식 조리법들.)

7. 하나님이 영이신 것처럼 우리가 성령 안에 거해야 한다는 말의 뜻은 무엇인가? 그와 관련해 우리는 일상생활에서 어떤 선택을 해야 하는가?

8. 자신의 삶을 쇄신하여 하나님 나라의 시민권을 요구하는 방법은 무엇인가?

9. 다니엘 금식을 마친 뒤에도 자신의 삶을 긍정적으로 변화시키기 위해 새로운 습관을 정착시키는 방법은 무엇인가?

10. 영적 성장을 위한 효과적인 도구인 기도와 금식을 자신의 삶에 접목시키려면 어떻게 해야 하나?

이 책을 읽어나가는 동안 당신은 내면에서 흘러나오는 커다란 흥분과 기대감을 느끼게 될 것이다. 이제 당신은 하나님에 대한 이해와 믿음의 성장 그리고 전에는 알지 못했던 믿음의 문을 열어줄 영적 여정에 들어가려 한다. 나는 이어지는 내용에서 그리스도와의 인격적인 관계를 견고히 할 효과적이고 성공적인 금식법을 전수할 것이다.

당신이 이 책을 다 읽었을 때면, 다니엘 금식을 시작할 준비가 완벽히 되어 있을 것이다. 궁금한 내용인데, 이 책에 언급되어 있지 않거나 적절한 답이 없다면 내게 연락하라. 그리스도의 지체들이 다니엘 금식을 성공적으로 경험하도록 돕는 것이 내 사명이니까.

이제 다니엘 금식에 관해 배울 마음의 준비를 해야 한다. 이 금식을 통해 어떻게 하나님 나라를 추구하며 자신의 믿음이 성장할지 기대해도 좋다. 다니엘 금식 기간 동안 당신은 이전에 알지 못했던 하나님 아버지에 대한 사랑이 얼마나 큰지 깨닫고, 그 아버지 하나님을 알아가는 지식이 날마다 자라는 경험도 하게 될 것이다.

당신이 하는 모든 일에 하나님이 복 주시기를 기도드린다.

다니엘 금식 블로거
수잔 그레고리
Susan@Daniel-Fast.com

평강의 하나님이 친히 너희를 온전히 거룩하게 하시고
또 너희의 온 영과 혼과 몸이
우리 주 예수 그리스도께서 강림하실 때에
흠 없게 보전되기를 원하노라

—데살로니가전서 5:23

Part 1

허기짐은
비움으로
채워진다

The Daniel Fast

1.

'다니엘 금식' 블로거가 되다

"남편과 저는 다니엘 금식법이 정말 좋아요. 식사 준비도 간소할뿐더러 맛도 좋으니까요." -D. R.

나는 설교자나 성경 교사, 대형 교회 지도자가 아니다. 예수 그리스도와 날마다 깊은 인격적 교제를 하면서 극적으로 삶이 변화된 평범한 여인일 뿐이다.

예수님은 하나님의 나라와 그의 의를 구하라고 가르치셨다. 하나님은 우리 앞에 생명과 사망, 축복과 저주가 놓여 있다고 말씀하셨으며, 우리와 우리 자손들에게 생명을 선택하라고 지시하신다. 다만 선택은 우리 몫이다. 그리고 그 선택은 우리가 천국에 가서 하나님과 영생을 누리는 것 이상의 유익이 있다. 감사하게도 우리는 이 땅에서 역동적이며 힘 있고 목적이 있는 삶을 살면서 하나님을 위해 위대한 일을 행할 수 있다.

매일 아침 나는 믿음에 이끌리는 삶을 살겠다는 선택을 한다. 나는 내 모든 말과 행동을 하나님의 말씀대로 하려고 노력한다. 너무 과격한가? 다른 사람들과 비교하면, 그래 보일 수도 있다. 나는 과격하게 그리스도와 함께 살고 있으며, 내 생각, 행동, 자원 그리고 미래를 그분께 집중하면 할수록 내 삶이 더 흥미로워지고 평안해지는 경험을 한다.

나는 소녀 시절에 그리스도를 영접한 뒤로 수십 년 동안 가정과 일터, 교회와 사회생활에서 그리스도인으로 일상적인 활동들을 해왔다. 가정에서, 엄마로서, 혹은 친구 관계나 사회에서 크게 성취할 때도 있었지만, 원치 않은 이혼과 장기간에 걸친 지병 때문에 정말로 힘든 시간을 보내기도 했다. 하지만 나는 그 시절에도 내 정신과 신체는 상하지 않도록 지켜냈다.

그러나 내가 믿음 생활을 한다는 것이 무엇인지 진짜 배우게 된 것은 2007년이 되면서부터였다. 그 당시 나는 정말로 힘든 삶을 살고 있었는데, 엎친 데 덮친 격으로 불경기가 막 시작되었다. 내가 하던 부동산 투자 사업은 대출 산업의 붕괴 아래 맥없이 주저앉았고 재정 상태는 말이 아니었다. 생계조차 막막했다. 당신도 그런 어두운 광야 시기를 겪었을지 모르겠다. 희망은 너무나 멀리 있고, 도움이라고는 눈 씻고 찾아봐도 보이지 않았다. 온몸을 짓누르는 압박에 말 그대로 혼자인 기분이었다.

하지만 나는 혼자가 아니었다. 나는 성경에서 예수님이 절대 우리를 떠나시지 않고 우리를 버리시지도 않는다는 진리를 배웠다. 우리가 하나님께 가까이 갈 때 그분도 우리에게 가까이 오심을 배웠다. 그래서 성경에 있는 모든 것을 믿겠다는 값진 결단을 했다. 의심이나 두려움이 머리를 치켜들고 일어날 때도 있었지만, 오히려 그것을 그리스도의 사랑과 그분을 아는 지식을 더 추구해야 할 때임을 알리는 신호로 삼겠다는 결심을 했다. 매일 아침 일찍 일어나 몇 시간 동안 말씀을 공부하고 기도했다. 그리고 일기를 썼다. 나는 평가가 좋은 책들, 성경 교사들과 목회자들이 인정한 책들을 읽었고, 하나님 아버지와 대화하느라 몇 시간을 보냈으며, 그분이 자녀들에게 하신 진리와 약속을 선포했다.

상황이 하루아침에 바뀐 것은 아니었다. 마치 큰 배가 방향을 전환할 때 매우 천천히 조금씩 움직이듯 내 의심이 믿음으로, 두려움이 소망으로 바뀌는 것도 그러했다. 나는 주님의 기쁨이 내 힘이 될 때의 느낌이 어떤 것인지 조금씩 알게 되었다. 이 과정을 통해 내 아버지 하나님은 나를 광야에서 이끌어내어 그분의 영광된 빛 속에 있게 하셨다. 내 삶의 깨어진 부분들이 치유되어갔다. 결국 내 삶의 모든 부분을 하나님의 말씀 위에 세우는 것을 목적으로 삼자, 전에는 한 번도 알지 못했던 안정과 평안 그리고 안식의 삶으로 들어가게 되었다.

이 과정에서 하나님은 나를 신앙 서적을 쓰는 작가가 되게 하셨다. 그날 나는 거실 소파에 앉아 있었다. 묵상이나 기도, 혹은 어떤 대단히 '영적'인 일을 하고 있었던 것은 아니다. 그냥 앉아 있었다. 그때 하나님의 잠잠하고 세미한 목소리가 내 영혼에 들렸다. '다니엘 금식에 관한 글을 쓰렴.'

좋은 생각이었다. 나는 여러 해 금식을 해왔고, 2주 후면 시작되는 새해부터 21일간 다니엘 금식에 들어가려고 준비하던 참이었다. 게다가 전문 작가는 아니었지만 지난 10년 넘게 글을 쓰는 경험도 했다. 나는 인터넷을 검색하면서 다니엘 금식에 관한 쓸 만한 정보가 별로 없다는 것도 알게 되었다. 어쩌면 이 금식법에 관한 더 많은 정보가 필요한 사람들이 있을 수 있고, 내 경험이 그들에게 도움을 줄 수도 있으리라는 생각이 스쳤다.

많은 사람이 새해를 기도와 금식으로 맞이한다. 그 새해 첫날이 코앞에 닥쳤기에 가능한 한 빨리 정보를 모아야 했다. 나는 블로그 이름을 '다니엘 금식'[1]이라고 지었다. 얼마 지나지 않아 다니엘 금식에 관해 좋은 정보를 담은 글을 올릴 수 있었고, 많은 사람이 내 블로그에 댓글을 달고 질문을 올렸다. 각 질문에 답을 해주고 댓글에 답변을 남겼더니 새해가 되자 댓글과 질문이 더욱 늘어났다.

며칠이 지나 나는 내 블로그를 방문하는 사람들이 가장 필요로 하는 것은 레시피라는 것을 알게 되었다. 그래서 그동안 모아두었던 레시피를 샅샅이 뒤져서 다니엘 금식 지침에 맞게 수정하여 블로그에 올렸다. 하나님의 계획이 이렇게 펼쳐지는구나 싶었다. 성공적인 다니엘 금식을 위해 필요한 정보들이 올라오자 블로그 방문자들은 환호성을 냈고 나는 전체적으로 블로그를 새롭게 개편했다. 사랑하는 아버지께서 분명한 목적이 있어서 나를 기독교 작가로 이끌어내셨음을 알게 되었다. 그냥 글쓰기 숙제를 하고 있다고 생각했는데, 하나님은 나를 그분의 백성들의 필요를 채우는 평신도 사역자로 이끄시는 게 아닌가.

오늘로서 블로그 방문객은 150만 명(2016년 9월 현재 1,600만 명)을 넘어섰으며, 나는 수많은 사람을 대상으로 사역했다. 나를 '다니엘 금

1_ The Daniel Fast blog, http://www.DanielFast.wordpress.com, and website, http://www.Daniel-Fast.com.

식 블로거'라고 스스로 칭하지만 무엇이라고 불리건 상관없다. 명칭이 중요한 것은 아니니까. 삶에서 하나님의 은혜를 경험한 내가 가장 원하는 사역은 하나님과 그분의 말씀을 신뢰하는 것을 다른 사람들도 배울 수 있게 돕는 것이다.

블로그를 통해 내가 받은 가장 큰 축복은 하나님의 백성을 섬기는 것을 통해 결국 그분을 섬기게 된 것이다. 사람들은 다니엘 금식을 하는 동안 경험한 간증을 담은 편지를 보내왔다. 그들의 이야기를 읽으며 감사의 눈물을 흘렸다. 전에는 한 번도 다이어트에 성공해보지 못한 사람들도 그리스도께 초점을 두고 자기통제라는 영적인 열매를 발전시킬 때 놀라운 결과를 얻었다. 그들은 배우자와 부모 혹은 자녀들과의 깨어진 관계에서 회복을 경험케 하신 하나님을 찬양했다. 많은 사람이 기도에 응답을 받았으며 기적을 경험했다고 썼다. 그중에서도 특별히 그리스도와 친밀한 사랑의 관계를 처음으로 경험했다는 간증을 읽는 것이 이 블로그를 운영하는 나에게 가장 큰 행복이다.

성경은 야고보서 4장 8절에서 다음과 같이 가르친다. "하나님을 가까이하라 그리하면 너희를 가까이하시리라." 다니엘 금식은 우리의 관심을 하나님께 집중하고 그분께 가까이 갈 수 있는 특별한 시간을 떼어두게 한다. 그렇게 하나님께 가까이 갈 때 하나님의 축복과 능력이 임한다. 그 친밀함 가운데서 하나님의 임재를 경험하고 그분의 말씀을 들을 수 있다. 그 친밀함 안에서 우리는 성장하고 믿음의 근육을 키우며 심령을 새롭게 할 수 있다. 다니엘 금식은 당신의 혼을 살찌우고 영을 강건케 하며 몸을 새롭게 할 것이다. 그래서 당신을 성령이 인도하는 삶으로 인도할 것이다.

이런 사역을 내게 주신 하나님께 말로 다할 수 없는 감사를 드린다. 그분이 주신 축복으로 인해 다른 사람들에게도 그런 복이 임하기를 진심으로 바란다. 나는 다니엘 금식에 관한 정보로 다른 사람들을 섬기는 영광을 입었다. 이 책에 시간과 자원을 투자한 독자들께 감사를 드린다. 이 책에서 답하지 않은 질문이 있다면 편한 마음으로 Susan@Daniel-Fast.com으로 메일을 보내라.

2.
금식, 아주 오래된 영성 훈련

"금식 넷째 날을 행복하게 맞이하고 있습니다. 먹은 것이 별로 없는데도 전혀 배가 고프지 않네요." -니콜

금식은 고대로부터 내려온 영성 훈련이다. 이것은 잠깐 있는 유행이나 풍조가 아니다. 이 영적 훈련은 우리를 하나님과 친밀하게 하고 확실한 관계로 이끈다. 그리고 기도에 응답받고, 하나님 아버지께서 주시는 생생한 감동을 누릴 수 있는 강력한 방법을 찾도록 해준다.

하나님의 말씀에 등장하는 수많은 지도자가 금식을 했다. 기도와 금식은 유대인들의 영적 생활에서 일반적인 것으로, 성경 속 인물들은 금식이 주는 힘을 잘 알고 있었다. 그들은 간절한 필요가 있거나 큰 시련을 겪을 때, 기도와 금식을 통해 하나님의 지혜와 도우심을 구했다.

성경에서 금식에 대한 내용을 찾아보면 다음과 같다.

- **모세**: "모세가 여호와와 함께 사십 일 사십 야를 거기 있으면서 떡도 먹지 아니하였고 물도 마시지 아니하였으며 여호와께서는 언약의 말씀 곧 십계명을 그 판들에 기록하셨더라"(출 34:28).
- **엘리야**: "이에 일어나 먹고 마시고 그 음식물의 힘을 의지하여 사십 주 사십 야를 가서 하나님의 산 호렙에 이르니라"(왕상 19:8).
- **에스라**: "이에 에스라가 하나님의 성전 앞에서 일어나 엘리아십의 아들 여호하난의 방으로 들어가니라 그가 들어가서 사로잡혔던 자들의 죄를 근심하여 음식도 먹지 아니하며 물도 마시지 아니하더니"(스 10:6).
- **다니엘**: "세이레가 차기까지 좋은 떡을 먹지 아니하며 고기와 포도주를 입에 대지 아니하며 또 기름을 바르지 아니하니라"(단 10:3).
- **에스더**: "당신은 가서 수산에 있는 유다인을 다 모으고 나를 위하여 금식하되 밤낮 삼 일을 먹지도 말고 마시지도 마소서 나도 나의 시녀와 더불어 이렇게 금식한 후에 규례를 어기고 왕에게 나아가리니 죽으면 죽으리이다 하니라"(에 4:16).
- **안나**: "과부가 되고 팔십사 세가 되었더라 이 사람이 성전을 떠나지 아니하고 주야로 금식하며 기도함으로 섬기더니"(눅 2:37).
- **예수님**: "예수께서 성령의 충만함을 입어 요단 강에서 돌아오사 광야에서 사십 일 동안 성령에게 이끌리시며 마귀에게 시험을 받으시더라 이 모든 날에 아무것도 잡수시지 아니하시니 날 수가 다 하매 주리신지라"(눅 4:1-2).

- **바울**: "사흘 동안 보지 못하고 먹지도 마시지도 아니하니라"(행 9:9). "또 수고하며 애쓰고 여러 번 자지 못하고 주리며 목마르고 여러 번 굶고 춥고 헐벗었노라"(고후 11:27).
- **고넬료**: "고넬료가 이르되 내가 나흘 전 이맘때까지(Four days ago I was **fasting** until this hour, KJV) 내 집에서 제 구 시 기도를 하는데 갑자기 한 사람이 빛난 옷을 입고 내 앞에 서서"(행 10:30).
- **교회 지도자들과 장로들**: "주를 섬겨 금식할 때에 성령이 이르시되 내가 불러 시키는 일을 위하여 바나바와 사울을 따로 세우라 하시니"(행 13:2). "각 교회에서 장로들을 택하여 금식 기도 하며 그들이 믿는 주께 그들을 위탁하고"(행 14:23).

오늘날 예수 그리스도를 따르는 이들은 세상의 거센 압박을 받지만, 주님과의 관계가 더 깊어지고 성숙해지기를 간구하고 있다. 주일 아침 예배를 넘어서는 신앙을 원한다. 자신의 신앙이 가족 관계와 직장 그리고 일상생활에 변화를 불러오기를 기대한다. 그리스도 중심적이며 의미 있고 세상에 대해 확실한 증인이 되는 삶을 위해 하나님을 경험하고 싶어 한다.

금식이란?

먼저 무엇이 금식이고, 무엇이 금식이 아닌지 알아보자. 무엇보다 금식은 먹을 것에 관한 것이다. 성경적 금식은 '영적 목적으로 음식물을 제한하는 것'이다. 히브리어로 금식은 '촘'(*tsowm*)인데, '입을 가린다'는 뜻이다. 그리스어로는 '네스튜오'(*nesteuo*)로 '음식을 삼가다'라는 뜻이다. 성경에 언급된 금식은 언제나 영적인 문제를 동반한다. 그러니 성경적 금식을 계획한다면, 반드시 음식을 영적 목적을 위해 제한해야 한다. 텔레비전 시청이나 게임을 한동안 금하는 것도 좋은 결단이 될 수 있지만 그것 자체가 금식은 아니다.

많은 사람이 금식 기간 동안 오락이나 취미 활동을 어느 정도 줄여 기도와 말씀 묵상, 하나님의 길을 연구하는 데 더 많은 시간을 들이려 한다. 어떤 활동을 포기하는 것이 진짜 금식을 대체할 수 없음을 깨닫기만 한다면, 그것도 좋은 생각이다.

우리의 식습관을 제한하거나 바꾸는 것에 더하여 금식은 언제나 우리의 영적 생활과 관계가 있다. 그런 면이 없다면 그것은 단지 다이어트에 불과하다. 물론 다니엘 금식 식단을 건강을 목적으로 사용하면 식습관에 좋은 변화를 가져다준다. 하지만 영적 요소가 온전히 개입되지 않은 금식은 다니엘 금식이 아니라는 점을 분명히 알아야 한다.

금식이 하나님을 위한 것이 아니라고 말한다면 놀랄지 모르겠다. 하나님은 당신이 금식한다고 해서 더 나은 그리스도인이라거나 영적으로 더 좋은 사람이라고 여기시지 않을 것이다. 하나님은 당신이 어떤 사람인지를 오로지 예수님을 통해서만 판단한다. 예수님이 십자가에 달려 우리를 하나님이 받으실 만한 존재로 바꾸어주셨기 때문이다. 그러므로 당신이 하나님 앞에 얼마나 선한 사람인지 증명하려고 금식할 생각이라면 굳이 그럴 필요가 없다.

금식은 오히려 당신 자신을 위한 것이다. 금식은 당신의 영을 강하게 하고, 당신이 육신에 대한 절제를 배워 하나님 아버지께 더 가까이 가며 기도에 집중하도록 돕기 위해 하나님이 만드신 영적 도구다. 금식은 영적인 데 목적을 두어 일시적으로 어떤 일련의 행위에 들어가는 것이며, 그 기간 동안 다른 모든 것을 잠시 접어두는 것이다. 금식을 하는 동안 그리고 금식이 끝난 뒤에도 훈련을 계속한다면 자제력을 새롭게 갖출 수 있겠지만, 원래 금식은 구체적인 목적에 일시적으로 집중하는 것이다. 다니엘 금식은 일종의 영적 집중 훈련 기간인 것이다.

세 가지 금식법

성경에는 세 가지 금식법이 언급되어 있다.

- **완전 금식**: 모세가 시내 산에서 40일간 했던 금식을 말한다. 성경은 출애굽기 34장 28절에서 그런 금식을 이렇게 표현한다. "모세가 여호와와 함께 사십 일 사십 야를 거기 있으면서 떡도 먹지 아니하였고 물도 마시지 아니하였으며 여호와께서는 언약의 말씀 곧 십계명을 그 판들에 기록하셨더라." 그렇게 긴 기간 동안 완전 금식을 실행하는 예는 매우 드물다. 단기간 동안, 낮에는 물과 모든 음식을 피하는 방식으로 금식을 하기도 하지만, 기간이 길어지면 신체에 장기적인 후유증이 남을 수도 있어서 개인적으로 추천하는 방식은 아니다.

- **일반 금식**: 물만 섭취하는 금식을 말한다. 엘리야(왕상 19:8)와 예수님(마 4장)이 이런 금식을 행한 것으로 보인다. 엘리야와 예수님이 40일 동안 먹을 것만 삼갔는지는 자신할 수 없다. 다만 성경에는 엘리야가 먹지 않았다고 하면서 물에 대한 언급은 없다. 또한 예수님이 주리셨지만 목마르셨다는 표현은 없다.

- **부분 금식**: 음식을 먹되 어떤 음식은 제한하는 것으로 다니엘과 세례 요한이 했던 금식이다. 성경은 세례 요한이 메뚜기와 석청만 먹었다(마 3:4)고 이야기한다.

  (세례 요한의 금식법이 현대 그리스도인들에게 관심을 끌지 못하는 이유는 무엇일까? 메뚜기 수요가 그리 많지 않은 것만 보아도 알 것이다!)

다니엘은 자주 금식한 것으로 보이는데, 다니엘서에 기록된 것만 해도 세 번이다. 다니엘서 9장 3절에 기록된 다니엘의 금식은 '일반 금식'이었다. 다니엘은 "금식하며 베옷을 입고 재를 덮어쓰고 주 하나님께 기도하며 간구하기를 결심"했다. 하지만 다른 두 경우에는 모든 음식이 아니라 일부를 제한하는 '부분 금식'을 했다.

다니엘서 1장 12절을 보면, 다니엘과 그의 친구들이 채소와 씨앗에서 나온 것(pulse, KJV)과 물만 먹었다고 한다. 다니엘서 10장 3절에서 다니엘은 이렇게 말한다. "세이레가 차기까지 좋은 떡을 먹지 아니하며 고기와 포도주를 입에 대지 아니하며 또 기름을 바르지 아니하니라."

이 두 예는 모두 부분 금식을 보여준다. 이 책에서 말하는 '다니엘 금식'은 다니엘의 금식 경험을 모델로 삼는 '부분 금식'이다.

절기 금식과 공동체 금식

절기 금식은 정해진 때에 하는 금식을 말한다. 예를 들어, 사순절에 하는 금식은 절기 금식으로 전 세계 많은 교회가 이 금식 전통을 지킨다. 사순절은 시작일과 종료일이 정해져 있다. 그래서 사순절 기간 동안 '다니엘 금식'을 선택한다.

마찬가지로 유월절(또는 무교절)에는 히브리인들이 이집트의 노예 생활에서 벗어난 것을 기념하여 절기 금식을 한다. 이 금식은 부분 금식으로 항상 유대력의 첫 달인 니산 월 15일에 시작된다. 유월절은 출애굽기 12장에 나와 있는데, 하나님이 설계하고 확립하신 것으로 유대인들은 오늘날까지 이 절기를 지키고 있다.

요즘 기도와 금식으로 새해를 시작하는 전통을 지키는 그리스도인들이 많아지고 있다. 세계의 많은 교회가 이 시기를 공동체 '금식' 기간으로 삼는다. '다니엘 금식' 블로그와 웹사이트 방문객들에 따르면, 새해 첫 주일에 21일 금식을 시작하는 것 같다. 매년 1월이면 엄청난 방문객들이 웹사이트에 들어오는데, 새해 공동체 금식에 참여하고 있는 많은 사람이 '다니엘 금식'을 채택하는 듯하다. 다니엘 금식이 부분 금식인 데다 자신의 생활 방식에도 적합하기 때문일 것이다.

이와 비슷하게 교회와 기관들은 연중 어떤 기간을 정하고 공동체 금식에 참여하도록 교인들을 독려한다. 금식 기간이 3, 4일이 넘어가는 경우, 다니엘 금식이 적절하다고 생각하여 많은 사람이 이 방법을 사용하는 것 같다.

목적이 있는 금식

금식은 영적인 목적을 위해 음식물을 제한하는 것이므로, 금식에 들어가기 전에 자신의 목표를 구체적으로 정하는 것이 좋다.

교회 공동체나 사역에서 공동체 금식을 준비하고 있다면 지도자들은 그 목적이 무엇인지 분명히 해야 한다. 예컨대 조지아 주 게인스빌과 캘

리포니아 주 어바인 교회 사역자인 젠센 프랭클린(Jentezen Franklin) 목사는 매해 1월 한 달 동안 그해를 위해 하나님을 영화롭게 하고 하나님을 갈망하는 금식 운동을 전개했다. '더콜'(TheCall)이라는 사역 단체의 창립자인 루 잉글(Lou Engle)은 미국을 위한 공동체 기도와 금식 모임을 조직했다. 매해 그들은 기간을 정해 인종주의, 성적 타락, 낙태와 같은 구체적인 사안을 놓고 금식하며 기도했다. 만약 당신이 공동체 금식에 참여한다면, 지도자들이 정해주는 구체적인 사안과 함께 자신의 개인적인 삶을 위한 기도 제목을 놓고 기도할 수 있을 것이다.

금식의 일반적인 목적은 하나님께 가까이 가는 것이다. 이것은 '세상의 잡음에서 멀어져 하나님 아버지와의 관계에 집중'하려는 의도적인 선택이다. 금식하는 동안 기도에 집중하겠다거나 하나님의 목소리를 듣겠다는 것처럼, 한두 가지 목표를 정하면 좋다. 그리고 우리가 따를 만하고 하나님이 인정하실 만한 사람이라고 생각되는 저술가의 성경 공부 자료를 수집해 읽는 것도 좋다.

1990년대 초 나는 금식을 처음 했다. 한 동료가 자신의 금식 경험을 좋게 이야기해서 시작했다. 그는 내게 아서 월리스(Arthur Wallis)가 쓴 《하나님이 선택하신 금식》(God's Chosen Fast)을 주었다. 나는 그 책을 읽고 삼일 동안 물만 마셨다. 이후 내 삶에 특별한 필요가 있을 때마다 계속해서 주기적으로 금식을 실천했다. 그러던 중 2005년, 나는 내게 더 큰 의미를 주는 금식을 하게 됐다. 그해 처음으로 21일간의 '다니엘 금식'을 시작한 것이다. 그때 금식의 가치와 효과를 경험한 이후로 해마다 여러 차례 금식 훈련을 했다. 그리고 지금은 21일간의 '다니엘 금식'으로 새해를 시작한다.

나는 금식을 시작하기 한참 전부터 내 삶에 대한 하나님의 인도를 구하면서 앞으로 펼쳐질 금식 기간 동안 하나님이 나를 어떤 방향으로 이끄실지 가르침을 들으려 했다. 지난해 1월, 한밤중에 들려온 주님의 말씀에 잠이 깼다. '올해는 네가 완전히 변화(transformation)되는 해다.' 마치 강력한 희망의 광선이 내 몸을 채운 듯 느껴졌다. 주님은 그 한 해를 그분의 인도 아래 강력한 변화에 집중하도록 나를 부르고 계셨다.

기도와 금식에 들어가면서 내 마음 전면에 그 말씀을 아로새겼다. 금식 기간 동안 주님은 내가 너무 많은 일에 정신을 분산하고 있다는 것을 보여주며 매우 적극적으로 그것들을 정리해야 된다고 말씀하셨다. 하나님은 내가 더 높은 차원으로 올라가기를 원하셨다. 바로 내가 변화할 '때'였다. 이 변화는 내 건강, 내 가정, 내 재정 상황 그리고 내 사역에 관한 것이었다. 주님은 내가 위 네 가지 분야에만 초점을 맞추기 원하셨다.

금식의 목적을 결정할 때는 다음 단계를 따라해보자.

1. 성령께 당신이 어떤 목적을 정해야 할지 알려달라고 간구하라. 우리가 도움을 요청할 때 그분은 신실하게 응답하신다. 하루 이틀 만에 내 요청을 들어주시는 것을 볼 때도 자주 있다.
2. 당신이 스트레스를 받거나 관심을 갖고 있는, 인생에서 가장 중요한 서너 가지 문제를 짚어보라. 그리고 이렇게 자문하라. '내 인생에서 세 가지를 바꿀 수 있다면 무엇을 바꾸겠는가?'
3. 금식 기간 동안 그분의 개입과 지시를 위해 하나님께 내 필요를 내어놓으라.

'다니엘 금식'은 무엇인가?

다니엘 금식은 일부 음식물 섭취를 제한하는 부분 금식이다. 이 금식법은 선지자 다니엘의 경험에서 비롯되었으며 성경에 기반을 둔다. 다니엘 금식이 이토록 인기를 끌게 된 것은, 여러 날을 아무것도 먹지 않고 지내야 한다는 부담감이 없어서일 테다. 다니엘 금식을 위한 식단은 완전 채소식(vegan diet, 어떤 고기도 먹지 않고 채소 위주로 구성한 식단)과 유사하다.

다니엘 금식은 유대인의 금식 원칙과 다니엘서 1장과 10장에 나오는 선지자의 경험을 기초로 한다. 다니엘서 1장 12절에서 다니엘은 환관장에게 이렇게 요구한다. "청하오니 당신의 종들을 열흘 동안 시험하여 채식을 주어 먹게 하고 물을 주어 마시게 하십시오." KJV 성경의 다니엘서 1장 12절의 'pulse'(콩류)는 콩과(legume) 식물과 과일을 포함한, 씨에서 유래하는 식품이다. 바로 이 지점이 물과 식물을 기초로 한 다니엘 금식 식단의 토대가 되었다. 이 식단은 온전히 식물성으로만 구성되어 있어서 생선류, 조개류, 우유를 포함한 유제품류, 난류 등 동물성 식품은 어느 것도 섭취할 수 없다.

다니엘서 10장 3절에서 우리는 다니엘이 애도 기간 동안 "좋은 떡"과 "육류"와 "포도주"를 먹지 않겠다고 한 것을 볼 수 있다. 이 말씀을 따라 우리는 알코올은 물론 당류, 과자류, 디저트를 다니엘 금식 레시피에서 뺐다. 다니엘 금식 기간 동안 먹지 않는 당류에는 설탕, 꿀, 아가베시럽, 설탕허브, 사탕수수 주스, 시럽이 포함된다.

다니엘은 하나님의 백성이었으므로 그가 유대인의 금식 원칙을 따랐을 것이라는 추측도 할 수 있다. 유월절을 준비할 때 유대인들은 모든 음식에서 효모 제품을 배제한다. 다니엘 금식 기간에는 이스트, 베이킹 파우더, 베이킹소다를 사용한 모든 발효 제품을 먹지 않는다.

마지막으로 다니엘 금식의 모든 음식물은 자연식으로, 인공화학물질, 즉 인공향료와 색소, 식품첨가물, 인공방부제, 가공식품을 배제한다. 아울러 카페인을 포함한 어떠한 강장제도 먹지 않는다.

무엇을 먹고 무엇을 금하는지를 담은 다니엘 금식 식품 목록은 115쪽에 실려 있다.

다니엘 금식 기간

다니엘 금식은 얼마 동안 해야 한다는 정해진 기간이 없다. 금식을 함으로써 얻는 건강상의 유익 때문에 7일 정도 하는 사람도 많지만, 나는 금식 기간이 길면 길수록 좋다고 생각한다. 많은 사람이 21일 동안 금식을 하는데, 다니엘이 그렇게 했기 때문이기도 하고(단 10:2) 공동체에서 금식 기간을 21일로 잡기 때문이기도 하다. 내 경우에는 적어도 10일, 많게는 50일 정도 금식을 한다.

공동체 금식의 경우, 지도자들이 정한 기간을 따르거나 성령의 이끄심을 따르면 된다. 나는 언젠가 3주 동안 금식을 했는데, 금식을 끝낸 그다음 날 2주를 더 하고픈 열망이 일었던 적도 있다. 그러므로 얼마나 금식을 할 것인지 결정을 못 했다면 성령이 이끄시는 대로 따를 것을 조언한다.

금식할 준비가 되었는가?

다니엘 금식 기간 동안 음식물 섭취가 허용된다고 해서 완전 금식에

비해 수월한 것도 아니다. 일정 기간 동안 기도와 예배에 더 집중할 수 있도록 자신을 음식물에서 떼어놓아야 다니엘 금식의 효과를 기대할 수 있다. 다시 말해 금식의 힘은 당신이 하나님께 자신을 바치고 자원하여 그분께 집중하는 훈련을 할 때 발견할 수 있다.

이 말에 오해가 없어야겠다. 다니엘 금식에는 희생과 절제가 따른다. 과일, 채소, 통곡물, 견과류, 씨앗류 등으로 구성된 식단을 보면 금식이 그리 어려워 보이지 않을 것이다. 하지만 금식 시작과 함께 당신은 전쟁을 치르게 될 것이다. 달콤함, 카페인(사람들이 가장 어려워하는 부분이다), 물을 제외한 모든 음료, 발효빵, 화학첨가물, 튀긴 음식에 대한 간절한 그리움이 시작된다. 그러나 이런 음식물에 대한 욕망을 거부하여 육신을 극복하는 것이 금식 훈련의 경험이다.

금식 기간 동안에는 일과를 바꿔야 한다. 휴가를 계획할 때를 떠올려 보라. 이 기간은 당신의 삶에서 뚜렷이 구분되는 시간이다. 당신은 휴가를 위해 모든 것을 준비해야 한다. 휴식과 새로운 경험을 위해 가족이나 친구와 특별한 시간을 갖는 등 뭔가 구체적인 목표를 설정한다. 휴가 중에는 구별된 시간을 갖기 위해 일상과는 다른 활동을 한다. 이와 마찬가지로 당신의 금식 기간은 평상시와 다를 것이다. 그러므로 그 기간을 위해 준비하는 것이 좋다. 휴가를 준비할 때처럼 금식 기간을 준비해야 한다. 구체적인 목표가 있어야 그에 맞는 활동을 하게 될 것이다.

지난 몇 년 동안 나는 금식을 직접 경험해야만 그 유익을 제대로 알 수 있다는 것을 발견했다. 다니엘 금식은 몸과 영혼을 가진 전인격을 위한 것이다.

- 당신의 몸은 건강한 식사 계획에서 유익을 얻을 것이다.
- 당신의 혼(감성, 지성, 생각)은 금식의 영적 훈련에서 유익을 얻을 것이다.
- 당신의 영은 강건해지고 그리스도와 하나님을 아는 지식으로 자라게 될 것이다.

금식의 능력은 보통의 생각으로는 쉽게 이해되지 않는다. 영적 금식은 하나님과 그분의 방법을 영적인 눈으로 보고 신뢰하는 영적인 감각이 요구된다. 다니엘 금식을 시작하면 그분의 자녀들과 깊은 교제를 열망하시는 하나님 아버지께로 더 가까이 가게 된다. 새로운 영적인 세계로 들어설 준비가 되었는가? 전능자와의 대면을 고대하는가?

그렇다면 이제 다니엘 금식에 관해 더 깊이 알아볼 때다.

3.
뜻을 정하여

"금식 여섯째 날입니다. 아직 잘 버티고 있습니다. 제 행동이 육체의 요구에 얼마나 많이 좌우되어왔는지 깨닫는 훈련을 즐기고 있습니다." —재키

'다니엘 금식'의 모델인 다니엘은 누구나 인정하는 하나님의 사람이다. 하루 이틀 정도 시간을 내어 다니엘서를 읽어보자. 총 12장이니 그리 많은 시간을 들이지 않아도 통독할 수 있다. 아브라함과 이삭과 야곱의 하나님을 신뢰한 사람들과, 세상의 신과 우상을 의지한 사람들이 서로 극명하게 대비되는 것을 발견할 수 있다. 아울러 다니엘이 살았던 바벨론과 지금 우리가 살아가는 이 세상의 공통점을 볼 수 있을 것이다.

다니엘은 예루살렘에서 자라났으며 유대 상류층 귀족 가문 출신으로

종교적 관습뿐 아니라 히브리 백성의 전통과 관습이 온몸에 배었을 것이다. 히브리 백성들은 그러한 전통을 대단히 면밀히 따랐고, 그것이 그들의 삶을 형성했을 뿐 아니라 신앙과 하나님에 대한 헌신을 발전시켰다. 성경을 읽다보면 성경의 시대를 살았던 유대 백성들의 일상생활에 히브리 백성의 관습과 율법이 얼마나 깊이 새겨져 있었는지 알 수 있다. 다니엘서에 나타난 매일 기도도 그들의 전통 중 하나였다.

다니엘은 비록 사로잡힌 몸이었지만 매일 기도함으로써 하나님께 가까이 갈 수 있었다. 기도는 하루에 세 번 드려졌다. 히브리어 샤카르(Shachar)에서 나온 '샤카리트'(Shacharit)는 아침 기도로, '아침 빛'이라는 뜻이다. 오후 기도는 예루살렘 성전에서 곡식으로 드리는 제사를 의미하는 '민차'(Mincha) 또는 '민하'(Minha)라고 한다. 저녁 기도를 의미하는 '아르비스'(Arbith), '아르빗'(Arvit), '마리브'(Ma'ariv)는 '해질녘'을 뜻한다.

랍비들의 율법서인 《탈무드》에 따르면, '기도'는 신명기 11장 13절에서 말하는 성경의 명령이다. "내가 오늘 너희에게 명하는 내 명령을 너희가 만일 청종하고 너희의 하나님 여호와를 사랑하여 마음을 다하고 뜻을 다하여 섬기면." 여기서 "마음을 다하고"가 기도를 뜻한다.

- '다니엘'은 이렇게 기도의 전통을 따랐다. "다니엘이 이 조서에 왕의 도장이 찍힌 것을 알고도 자기 집에 돌아가서는 윗방에 올라가 예루살렘으로 향한 창문을 열고 전에 하던 대로 하루 세 번씩 무릎을 꿇고 기도하며 그의 하나님께 감사하였더라"(단 6:10).
- '다윗 왕'은 이렇게 기도의 전통을 따랐다. "저녁과 아침과 정오

에 내가 근심하여 탄식하리니 여호와께서 내 소리를 들으시리로
다"(시 55:17).

- '안나'는 이렇게 기도의 전통을 따랐다. "또 아셀 지파 바누엘의 딸
안나라 하는 선지자가 있어 나이가 매우 많았더라 그가 결혼한 후
일곱 해 동안 남편과 함께 살다가 과부가 되고 팔십사 세가 되었더
라 이 사람이 성전을 떠나지 아니하고 주야로 금식하며 기도함으
로 섬기더니"(눅 2:36-37).

- 하나님은 '여호수아'에게 이렇게 기도의 전통을 따르라고 지시하
셨다. "이 율법책을 네 입에서 떠나지 말게 하며 주야로 그것을 묵
상하여 그 안에 기록된 대로 다 지켜 행하라 그리하면 네 길이 평
탄하게 될 것이며 네가 형통하리라"(수 1:8).

하나님이 선택하신 백성에게 매일 기도는 선택 사항이 아니었다. 명
령이었다. 아이들은 이런 유대의 전통에서 자라났고, 기도가 삶의 일부
분이 되도록 교육받았다. 매일 드리는 기도와 성경 읽기는 그들의 마음
과 정신에 하나님의 말씀을 간직하게 했다. 세대를 거쳐 이렇게 전해진
전통을 예수님도 따르셨다.

> 예수께서 그 자라나신 곳 나사렛에 이르사 **안식일에 늘 하시던 대**
> **로** 회당에 들어가사 성경을 읽으려고 서시매(눅 4:16, 강조는 저자).

기원전 6세기 후반 여러 나라를 정복했던 느부갓네살은 자신의 제국
을 다스리기 위해 유능한 인재들이 많이 필요했다. 그가 유능한 인재를

얻으려고 예루살렘을 침략한 것도 그 즈음이었다.

> 왕이 환관장 아스부나스에게 말하여 이스라엘 자손 중에서 왕족과
> 귀족 몇 사람 곧 흠이 없고 용모가 아름다우며 모든 지혜를 통찰하
> 며 지식에 통달하며 학문에 익숙하여 왕궁에 설 만한 소년을 데려오
> 게 하였고 그들에게 갈대아 사람의 학문과 언어를 가르치게 하였고
> (단 1:3-4).

느부갓네살은 예루살렘의 귀족 청년들을 사로잡아 그들의 몸을 구속
하였지만, 그들의 정신에 뿌리내린 말씀의 진리를 빼앗을 수는 없다는
사실을 몰랐다.

위의 예에서 우리는 두 가지 귀중한 교훈을 얻는다. 하나는 잠언 22
장 6절에 기록된, 하나님이 부모들에게 주시는 지혜다. "마땅히 행할 길
을 아이에게 가르치라 그리하면 늙어도 그것을 떠나지 아니하리라." 그
리고 두 번째는 매일 기도의 측량할 수 없는 가치다. 하루에 세 번 다니
엘은 자신의 마음에 하나님의 말씀의 씨앗을 심었다. 그때마다 하나님
의 계명이 그의 이마에 새겨졌다. 그는 자신의 생각에 의지하지 않았을
뿐 아니라 자신을 사로잡은 자들의 전통에도 휘둘리지 않았다. 그 대신
하나님의 진리를 통해 방향성과 자신감을 얻었다.

나는 이 책을 읽고 있는 당신을 위해 지금도 기도드린다. 다니엘 금
식을 하는 동안 기도의 시간을 가지면서 다윗, 다니엘, 여호수아, 안나
그리고 하나님 안에서 변하지 않는 깊은 믿음을 가졌던 수많은 사람처
럼 매일 기도가 당신의 습관이 되기를 간구한다!

하나님에 대한 다니엘의 헌신은 결코 흔들리지 않았다. 그는 자신이 누구인지 잘 알고 있었다. 다니엘은 자신을 사로잡은 이들이 자신을 더럽히게 내버려두지 않았다. 다니엘과 그의 친구들이 처음 느부갓네살의 궁전으로 불려갔을 때, 왕은 신하들에게 최고로 좋은 음식을 그들에게 먹이라는 지시를 내렸다. 왕은 이 청년들에게 큰 계획을 품고 있었다. 그 청년들이 잘 돌봄을 받아 튼튼하고 건강하기를 원했다. 이 귀족 청년들에게는 왕에게 바쳐지던 것과 같은 음식이 제공되었다.

하지만 다니엘은 두 가지 이유로 그 음식을 거부했다. 먼저, 왕의 고기와 포도주는 바벨론의 신들에게 제사했던 음식이었다. 둘째, 유대인들은 고기 요리를 할 때 까다로운 율법을 적용했다. 그런데 왕의 음식을 먹고 마시는 일은 다니엘이 넘지 말아야 할 선을 넘는 행위였다.

> 다니엘은 뜻을 정하여 왕의 음식과 그가 마시는 포도주로 자기를 더럽히지 아니하리라 하고 자기를 더럽히지 아니하도록 환관장에게 구하니(단 1:8).

다니엘은 "뜻을 정하여" 하나님의 방법을 따르겠다고 마음먹었다. 즉흥적인 결정이 아니었다. 아주 어릴 때부터 스스로를 다져왔던 믿음의 뿌리에서 뻗어난 가지였다. 그는 하나님의 사람이었기에 자신이 주님이라고 인정한 분의 방법에 따라 행동했다. 다니엘이 피하고 싶었던 것은 무엇이었을까? 자신의 몸을 더럽히고 싶지 않았던 것이다. 그것은 이미 자신의 몸과 영혼을 하나님께 드렸음을 의미한다. 그는 율법 아래에 있었고, 하나님의 방식과 상관없는 일은 전혀 하고 싶지 않았던 것이다. 그래서 다니엘은 환관장과 협상하며 시간을 벌었다. "청하오니 당신의 종들을 열흘 동안 시험하여 채식[pulse, KJV]을 주어 먹게 하고 물을 주어 마시게 한 후에 당신 앞에서 우리의 얼굴과 왕의 음식을 먹는 소년들의 얼굴을 비교하여 보아서 당신이 보는 대로 종들에게 행하소서 하매"(단 1:12-13).

이 요구는 우리가 하는 다니엘 금식의 한 부분이다. 이 말씀에서 우리는 다니엘이 씨에서 자란 식물과 물만 먹었음을 알 수 있다. 어떤 번역 성경에는 그가 '채소'와 물만 먹고 마셨다고 되어 있다. 위대한 성경학자 매튜 헨리(Matthew Henry)에 따르면, 콩과(pulse) 식물은 동물성이 아닌 씨앗류에서 자란 식품의 흔한 예라고 한다.[2] 다니엘과 세 친구는 하나님의 방식을 따르지 않았던 다른 사람들에 비해 건강을 월등히 좋게 유지했다. 게다가 그 청년들을 겪어본 느부갓네살은 그들이 자기 수하에 있는 어느 누구보다 지혜와 지식이 뛰어나다는 사실을 알게되었다. "하나님이 이 네 소년에게 학문을 주시고 모든 서적을 깨닫게 하시고 지혜를 주셨으니 다니엘은 또 모든 환상과 꿈을 깨달아 알더라"(단 1:17). 그 히브리 청년들이 우수했던 것은 그들에게 부여된 직위나 직책 때문이 아니라 그들이 하나님의 방법으로 성장한 사람들이었기 때문이다.

다니엘서 전체에서 우리는 이 네 남자가 도전에 직면했을 때 그것을

2_ 매튜 헨리는 자신의 주석(*Matthew Henry's Complete Commentary on the Whole Bible*)에서 다니엘서 1장 12절 내용을 이렇게 옮기고 있다. "우리에게 콩이나 허브나 과일 혹은 붉은 콩이나 렌틸 콩 외에는 아무것도 먹지 않고 물 외에는 아무것도 마시지 않는 시간을 열흘만 주십시오. 우리가 어떻게 그것으로만 살 수 있는지 그동안 살펴보시고 그에 마땅하게 행하옵소서."

두려움 없이 맞이하고 분투했음을 알 수 있다. 어떻게 그럴 수 있었을까? 그들은 자신의 하나님을 믿고 그분의 능력을 확신했다. 그들은 절제된 삶을 살았으며 낮이나 밤이나 자신의 마음을 하나님의 말씀으로 채웠다.

다니엘과 그 친구들은 신체와 능력 면에서도 월등했다. 그들은 줄곧 성실과 지혜와 능력으로 왕에게 인정받았지만, 다른 신하들의 시기를 샀다. "다니엘은 마음이 민첩하여 총리들과 고관들 위에 뛰어나므로 왕이 그를 세워 전국을 다스리게 하고자 한지라"(단 6:3). 다니엘이 한 나라의 지도자들을 통솔하는 지위까지 고속승진하자 그를 내치기 위한 계략이 펼쳐졌다.

총리들과 고관들은 그를 끌어내릴 작정을 했지만 그럴 명분이 없었다. 그래서 그들은 30일간 왕이 아닌 다른 어떤 신에게도 기도할 수 없는 칙령을 만들고 왕이 직접 서명하도록 계책을 꾸몄다. "나라의 모든 총리와 지사와 총독과 법관과 관원이 의논하고 왕에게 한 법률을 세우며 한 금령을 정하실 것을 구하나이다 왕이여 그것은 곧 이제부터 삼십일 동안에 누구든지 왕 외의 어떤 신에게나 사람에게 무엇을 구하면 사자 굴에 던져 넣기로 한 것이니이다"(단 6:7).

다니엘이 매일 기도를 빼놓지 않았던 것을 기억하라. 하나님을 위해 살겠으며 그분의 명령을 따르겠다는 그의 결단을 기억하라. 그는 어떤 다른 압력에도 굴복하지 않으려 했다.

다니엘이 이 조서에 왕의 도장이 찍힌 것을 알고도 자기 집에 돌아가서는 윗방에 올라가 예루살렘으로 향한 창문을 열고 전에 하던 대

로 하루 세 번씩 무릎을 꿇고 기도하며 그의 하나님께 감사하였더라
(단 6:10).

다니엘은 소리 내어 드리는 매일 기도의 전통을 따랐다. 그러므로 열
린 창문을 통해 그 기도 소리가 밖에서 들렸을 것이다. 성경을 소리 내
어 읽으며 기도하는 것은 구약 시대와 신약 시대에 유대인들이 지키던
전통이었다.

> 주의 사자가 빌립에게 말하여 이르되 일어나서 남쪽으로 향하여 예
> 루살렘에서 가사로 내려가는 길까지 가라 하니 그 길은 광야라 일어
> 나 가서 보니 에디오피아 사람 곧 에디오피아 여왕 간다게의 모든 국
> 고를 맡은 관리인 내시가 예배하러 예루살렘에 왔다가 돌아가는데 수
> 레를 타고 선지자 이사야의 글을 읽더라(행 8:26-28).

성경은 이사야서를 읽고 있던 남자의 소리를 지나가던 빌립이 들었
다고 전한다. 그 사람은 율법대로 성경을 소리 내어 읽는 전통을 실행
하고 있었다. 에디오피아 내시는 자신에게 성경을 읽어준 것이 아니라,
하나님의 말씀을 선포했다. 성경을 소리 내어 읽어본 적이 없다면, 옛
날 유대인들처럼 성경을 매일 소리 내어 읽어보라. 그렇게 하면 하나님
의 능력 있는 말씀이 밖으로 나와 당신의 마음에 자리 잡을 것이며, 당
신의 영혼을 뒤흔드는 믿음을 발견할 것이다.

다니엘의 성경 낭독은 이후 그에게 몇 가지 영향을 미쳤다. 결국 다
니엘은 사자 굴에 던져질 위기에 처했다. 아무리 왕이 다니엘을 총애했

다고 하나 왕 스스로 자신의 법을 어길 수는 없었다. 하지만 그 위기 가운데서도 다니엘은 하나님의 말씀이 자신의 영혼에 깊이 뿌리내리게 했다. 그는 어떤 위기에서도 하나님의 약속은 참되다는 믿음이 있었다. 그렇지만 왕은 다니엘이 위기에 처하자 마음이 좋지 않았다.

왕은 다니엘을 사자 굴에 던진 후 왕궁으로 돌아왔으나 잠을 자지 못할 정도로 시달렸다. 다음 날 새벽, 왕은 다니엘이 살아 있는지 확인하려고 사자 굴로 달려갔다. 이렇게 찾아온 왕에게 던진 다니엘의 당찬 답변은 당신과 내가 본받을 좋은 예다.

> 다니엘이 왕에게 아뢰되 왕이여 원하건대 왕은 만수무강 하옵소서 나의 하나님이 이미 그의 천사를 보내어 사자들의 입을 봉하셨으므로 사자들이 나를 상해하지 못하였사오니 이는 나의 무죄함이 그 앞에 명백함이오며 또 왕이여 나는 왕에게도 해를 끼치지 아니하였나이다 하니라 왕이 심히 기뻐서 명하여 다니엘을 굴에서 올리라 하매 그들이 다니엘을 굴에서 올린즉 그의 몸이 조금도 상하지 아니하였으니 이는 그가 자기의 하나님을 믿음이었더라(단 6:21-23).

"그가 자기의 하나님을 믿음이었더라"라는 구절에 주목하자. 우리도 그런 믿음을 가질 수 있다. 이토록 담대한 믿음을 가진 우리를 해칠 수 있는 것은 아무것도 없다. 하지만 다니엘이 그 믿음을 갖기 위해 했던 노력을 우리도 기꺼이 할 의사가 있느냐가 문제다. 나는 온 마음을 다해 하나님을 사랑하려 하는가? 날마다 성경을 읽고 하루 세 번 기도하겠는가? 하나님을 가장 우선에 두는 삶을 살겠는가? 우리는 왜 우리의 기도가 응답되지 않는지, 왜 우리 삶에는 평안이 없고 그토록 압박이 많은지 답답할 때가 많다. 하지만 다니엘은 항상 하나님의 진리로 충만했기 때문에 우리가 가진 그런 문제들로 씨름하지 않았다.

우리는 하나님이 다니엘을 애초부터 사자 굴에 던져지지 못하게 지키시지 않았다는 점에 주목해야 한다. 마찬가지로 하나님은 다니엘의 친구들이 처음부터 뜨거운 풀무불에 던져지지 않도록 지키시지도 않았다(다니엘서 3장을 보라). 하지만 하나님은 그 재난 한가운데서 그들을 만나 그들을 구원하셨다. 다니엘이 구원받을 수 있었던 이유는 '그가 자기의 하나님을 믿었기 때문'이다.

다니엘은 사자 굴에 던져질 것을 안 순간 벼락치기로 성경을 외운 것이 아니다. 사자 굴에서 울며불며 하나님께 구해달라고 매달리지도 않았다. 그는 적들이 그를 모함하기 전부터 굳건한 믿음을 갖고 있었다. 그 믿음이 다니엘의 전신 갑주였으며, 그는 그 갑옷을 늘 벗지 않았다.

끝으로 너희가 주 안에서와 그 힘의 능력으로 강건하여지고 마귀의 간계를 능히 대적하기 위하여 하나님의 전신 갑주를 입으라 우리의 씨름은 혈과 육을 상대하는 것이 아니요 통치자들과 권세들과 이 어둠의 세상 주관자들과 하늘에 있는 악의 영들을 상대함이라 그러므로 하나님의 전신 갑주를 취하라 이는 악한 날에 너희가 능히 대적하고 모든 일을 행한 후에 서기 위함이라(엡 6:10-13).

하나님은 우리가 마땅히 할 일을 할 때 훨씬 더 많은 일을 행하신다. 그분은 우리가 목적을 이루는 충만한 삶을 살기에 필요한 모든 것을 주셨다. 우리 주님은 우리에게 실패를 말씀하시지 않는다. 그분이 우리의 승리이다. 예수님은 이렇게 말씀하신다. "이것을 너희에게 이르는 것은 너희로 내 안에서 평안을 누리게 하려 함이라 세상에서는 너희가 환난을 당하나 담대하라 내가 세상을 이기었노라"(요 16:33).

하지만 승리하는 삶은 믿음으로써만 가능하며, 믿음은 하나님의 말씀으로 시작된다. 이는 깨어지지 않는 영적 원리다. 이것은 우리가 연중 내내 성경 읽기 프로그램을 따르면 반드시 성공하는 삶을 살게 되리라는 율법적인 보장이 아니다. 하나님의 말씀이 우리의 심장을 뚫고 그분의 진리가 우리 삶에서 드러날 때 비로소 승리하는 삶을 살 수 있다.

다니엘은 바벨론에서 성장했다. 그곳에서 하나님을 믿는 신앙에 도전을 받자 놀라운 체험을 거듭하며 하나님의 능력이 그를 통해 역사하는 경험을 했다. 하나님이 다니엘에게 특별한 혜택을 주어서 그가 특이하게 보호되고 지켜진 것은 아니었다. 오히려 다니엘이 하나님을 믿고 사랑함으로써 하나님께 얻을 수 있는 모든 은혜와 혜택을 입게 되었다.

다니엘 및 그의 히브리 친구들과 우리는 공통점이 많다. 우리는 믿는 자로서 이 세상의 압력을 받으며 원수의 영토에서 살고 있다. 그리고 다니엘이 그랬던 것처럼, 우리도 단지 편리하고 편안한 방식을 취하지 않고 하나님의 방법을 따르는 삶을 선택할 수 있다. 다니엘이 누렸던 그 삶을 원한다면 우리는 다니엘이 했던 그대로 할 의지가 있어야 한다. 그는 하나님께 자신을 헌신했다. 그는 주님의 방법에 마음을 정하고, 자신을 더럽히지 않으려고 바벨론의 관습과 전통을 거부했다.

다니엘의 믿음이 그를 구했다. 우리가 오늘 다니엘에게 관심을 쏟는 이유는 그가 하나님을 위해 살았기 때문이다. 기도와 금식으로 주님께 다가가려는 우리에게 다니엘의 흔들리지 않는 믿음의 삶은 값진 본보기가 되어준다.

4.
몸과 영과 혼이 새로워지는 다니엘 금식

"금식 기간 동안 제가 준비한 신선한 먹거리와 통곡물을 남편도 좋아했어요. 가족 건강에 좋은 음식들을 앞으로도 계속 먹으려고요." –에이미

다니엘 금식은 몸과 영과 혼, 각각의 영역에 도전을 준다. 금식 훈련을 통해 하나님이 우리를 창조하신 방식을 더욱 잘 이해할 수 있게 되기 때문이다. 여러 해 전 나는 커다란 삶의 변화를 경험했다. 인간의 기질에 대해 퍽 상세히 알게 되었고, 하나님의 말씀과 그 나라의 원리에 눈을 떴다. 이로써 어두운 방에 전등불이 들어온 것처럼 많은 것을 똑똑히 볼 수 있게 되었다. 한 인간이 몸과 영과 혼을 가지고 있다는 것을 이해하면 할수록 주님을 믿는 믿음 생활이 쉬워졌다.

그 모든 것은 주일 아침 우리 교회 성인 성경 공부반에 참석하면서 시작되었다. 우리는 히브리서를 공부하고 있었다. 인도자인 론 스토크스는 대학원 졸업장을 여럿 가지고 있는 퇴역 장교로, 소득세 신고 기간에만 근처 회사에서 세금 신고를 도와주는 '프리랜서 회계사'다. 론이 매우 세심하고 조직적인 사람임을 당신도 쉽게 짐작할 수 있을 것이다. 그는 하나님의 말씀에 열정적이었으며, 특히 히브리서를 한 줄 한 줄 연구하도록 우리를 인도하는 데 뛰어난 재능이 있었다. 특별히 나는 한 구절에 '매달려' 하나님의 살아 있는 말씀에서 강력한 진리를 캐내는 시간을 즐겼다. 히브리서 4장 12절에 이르렀을 때였다.

하나님의 말씀은 살아 있고 활력이 있어 좌우에 날선 어떤 검보다도 예리하여 혼과 영과 및 관절과 골수를 찔러 쪼개기까지 하며 또 마음의 생각과 뜻을 판단하나니.

익숙한 말씀이었지만 단어 하나하나를 곱씹으며 그 의미를 깊이 파고들어간 것은 처음이었다. 내게는 귀한 기회였다. 며칠 후 좀 더 꼼꼼히 이해하려고, 늘 사용하던 노란 메모 노트 상단에 내 이름을 적었다. 그러고는 나의 세 부분을 대표하는 막대그림을 세 개 그렸다.

"너는 영이니, 혼을 가지고 몸 안에 사는 존재다"라는 말을 들어봤을 것이다. 하나님의 말씀은 데살로니가전서 5장 23절에서 우리를 세 가지가 하나인 존재라고 표현한다.

평강의 하나님이 친히 너희를 온전히 거룩하게 하시고 또 너희의 온 영과 혼과 몸이 우리 주 예수 그리스도께서 강림하실 때에 흠 없게 보전되기를 원하노라.

성경에서 혼은 자주 '육'으로 언급된다. 나는 몇십 년 동안 그리스도인으로 살아왔지만 내 육의 권세가 내 영을 자주 지배했다. 성경은 그것을 '세속적인 정신'으로 살고 있다고 일컫는다. 다음 말씀을 주의해서 읽어보자.

- 바울은 고린도전서 3장 1-3절에서 이렇게 썼다. "형제들아 내가 신령한 자들을 대함과 같이 너희에게 말할 수 없어서 육신에 속한 자 곧 그리스도 안에서 어린아이들을 대함과 같이 하노라 내가 너희를 젖으로 먹이고 밥으로 아니하였노니 이는 너희가 감당하지 못하였음이거니와 지금도 못하리라 너희는 아직도 육신에 속한 자로다 너희 가운데 시기와 분쟁이 있으니 어찌 육신에 속하여 사람을 따라 행함이 아니리요."
- 로마서 8장 6절은 이렇게 말한다. "육신의 생각은 사망이요 영의 생각은 생명과 평안이니라."
- 고린도후서 10장 4절에서 우리는 이렇게 배운다. "우리의 싸우는 무기는 육신에 속한 것이 아니요 오직 어떤 견고한 진도 무너뜨리는 하나님의 능력이라 모든 이론을 무너뜨리며."
- 그리고 골로새서 3장 1절에서 우리는 이런 이야기를 듣는다. "그러므로 너희가 그리스도와 함께 다시 살리심을 받았으면 위의 것을 찾으라 거기는 그리스도께서 하나님 우편에 앉아 계시느니라."

이때 하나님은 내게 직접적으로 그분의 진리를 드러내주셨다. 히브리서 4장 12절의 "찔러 쪼개기까지"라는 표현은 그리스어로 '메리스모스'(merismos)다. 나는 내 영과 육이 '메리스모스', 즉 쪼개지고 있음을 알 수 있었다. 그래서 나의 육에게 지배당하기보다 성령 안에 거하겠다고 결심했다. 하나님께 순종하고 성령이 다스리시도록 했다.

이로 인해 나는 '성령 안에서 거한다'는 것이 무슨 뜻인지 더 잘 이해하게 되었다. 성령의 태도와 육의 태도는 다르다. 내가 자존심을 세우고, 분노 또는 어떤 '육적'인 감정이 내 안에서 차오름을 느낀다면 금세 그 감정이 육의 '행사'임을 알아차릴 수 있다. 그러면 정신을 바짝 차리고 성령의 편을 선택해 그 안에 거한다.

성령과 육의 태도는 다음과 같이 구분된다.

성령	육
사랑	자존심
용서	분노, 원망, 미움
믿음	두려움
이타심	자아, 자아중심
겸손	거만, 시기
자제력	욕망

이렇게 성령과 육의 태도 차이를 몇 개만 나열해도, 전체적으로 무슨 말을 하는지 이해할 수 있을 것이다. 그리스도는 우리가 육이 아닌 성령에 따라 거하도록 부르신다. 우리는 우리의 육신을, 즉 세상의 생각

과 감정을 십자가에 못 박고 성령이 우리를 인도하여 주시도록 해야 한
다. 다니엘과 그의 친구들은 그렇게 살았다. 그들은 하나님께 전력 질
주하여 그 정신과 마음을 하나님의 말씀과 그분의 방식으로 채웠다. 사
드락, 메삭, 아벳느고는 느부갓네살이 자신들을 풀무불에 던질 것이라
는 위협을 받았을 때도 믿음이 강건하여 꿈쩍도 하지 않았다.

> 사드락과 메삭과 아벳느고가 왕에게 대답하여 이르되 느부갓네살이
> 여 우리가 이 일에 대하여 왕에게 대답할 필요가 없나이다 왕이여 우
> 리가 섬기는 하나님이 계시다면 우리를 맹렬히 타는 풀무불 가운데
> 에서 능히 건져내시겠고 왕의 손에서도 건져내시리이다 그렇게 하지
> 아니하실지라도 왕이여 우리가 왕의 신들을 섬기지도 아니하고 왕
> 이 세우신 금 신상에게 절하지도 아니할 줄을 아옵소서(단 3:16-18).

이런 믿음은 주일 아침에 예배에 참석하고 식사 기도를 하는 것만으
로는 세워지지 않는다. 그들은 날마다 하나님의 말씀과 진리로 자신의
영혼을 채웠고, 그렇게 매일 진보한 믿음에 깊이 뿌리내린 것이다. 성
령이 이끄시는 대로 살고 싶다면, 하나님이 창조하신 모습 곧 당신 자
신의 본래 모습을 좀 더 알고자 한다면, 다니엘 금식이 그 목적을 이루
도록 도울 것이다. 하지만 먼저 말씀에 조금만 더 깊이 들어가보자. '태
초에' 어떤 일이 있었는지 알기 위해 다음 장면을 머릿속에 그려보라.

> 하나님이 이르시되 우리의 형상을 따라 우리의 모양대로 우리가 사람
> 을 만들고 그들로 바다의 물고기와 하늘의 새와 가축과 온 땅과 땅에

기는 모든 것을 다스리게 하자 하시고 하나님이 자기 형상 곧 하나님의 형상대로 사람을 창조하시되 남자와 여자를 창조하시고 하나님이 그들에게 복을 주시며 하나님이 그들에게 이르시되 생육하고 번성하여 땅에 충만하라, 땅을 정복하라, 바다의 물고기와 하늘의 새와 땅에 움직이는 모든 생물을 다스리라 하시니라(창 1:26-28).

하나님이 처음 아담과 하와를 창조하셨을 때 그들은 완전히 통합적인 존재였다. 그들은 하나님과 함께 걷고 이야기를 나누었으며, 성령이 그들 안에 사셨다. 삶은 멋졌으며, 하나님도 이렇게 동의하셨다.

하나님이 지으신 그 모든 것을 보시니 보시기에 심히 좋았더라(창 1:31).

우리는 하나님이 인간에게 이렇게 이르셨음을 모두 기억한다. "여호와 하나님이 그 사람을 이끌어 에덴동산에 두어 그것을 경작하며 지키게 하시고 여호와 하나님이 그 사람에게 명하여 이르시되 동산 각종 나무의 열매는 네가 임의로 먹되 선악을 알게 하는 나무의 열매는 먹지 말라 네가 먹는 날에는 반드시 죽으리라 하시니라"(창 2:15-17).

아담과 하와는 하나님과 대단히 친밀했다. 성경은 날이 서늘할 때 하나님이 그들 사이로 걸으셨다고 말한다. 그들에게는 삶에 필요한 모든 것이 있었고, 그것은 좋았다. 정말로 좋았다!

그러나 우리는 아담과 하와가 하나님의 명령을 소홀히 여긴 결과도 잘 안다. 그들은 간교한 적에게 속아 금단의 열매를 먹었다. 그 결과 그들은 죽었다. 물론 신체적인 죽음은 아니었다. 아담은 930세까지 살았으며 하와는 아이를 여럿 낳은 어머니가 되었다. 그들은 신체적인 죽음이 아니라 영적인 죽음을 맞이했다. 더 이상 그들은 하나님과 하나가 되지 못했다. 그들의 불순종으로 인해 적의 성품이 그들의 영에 들어오게 되었다. 그들의 죄는 후손 대대로, 그리고 당신과 나에게까지 전해져 왔다. 로마서 5장 12절은 이렇게 말한다. "그러므로 한 사람으로 말미암아 죄가 세상에 들어오고 죄로 말미암아 사망이 들어왔나니 이와 같이 모든 사람이 죄를 지었으므로 사망이 모든 사람에게 이르렀느니라."

아담과 하와는 하나님께 불순종하기로 선택함으로써 자신들이 자유롭게 먹을 수 있었던 생명나무 열매를 더 이상 먹을 수 없게 되었다. 자유롭게 에덴동산을 출입할 수도 없었으며, 천국 일원이 되지도 못할 뿐더러 하나님이 그들에게 주신 모든 것마저 빼앗기게 되었다. 하나님은 땅을 다스리는 권세를 아담에게 주셨지만, 아담은 불순종함으로써 이 권리를 사탄에게 넘기고 말았다. 결과적으로 사탄이 "이 세상의 신"(고후 4:4)이 되었다. 아담은 하나님과 함께하는 완벽한 삶에서 배제되었다.

> 이같이 하나님이 그 사람을 쫓아내시고 에덴동산 동쪽에 그룹들과 두루 도는 불 칼을 두어 생명나무의 길을 지키게 하시니라(창 3:24).

우리를 이루는 세 부분을 머릿속에 다시 그려보자. 아담의 영은 살아 있었다. 하지만 죄로 인해 영이 사망했다. 지성과 감성 그리고 생각을 담당하는 혼은 아직도 아담 안에 존재하지만 하나님과 분리되고 말았다. 믿음은 죽었으며 세상적인 이성이 그 자리를 차지했다. 우리는 그 이성을 '상식' 또는 '도덕적인 삶'이라고 부를 수 있겠다. 하지만 하나님의 지혜가 없다면 그러한 삶은 여전히 죽을 운명일 뿐이다. 잠언 14장 12절은 그것을 이렇게 표현한다. "어떤 길은 사람이 보기에 바르나 필경은 사망의 길이니라."

창조주는 이런 분리됨을 슬퍼하셨으며, 자신의 백성을 되돌리려고 수 세기 동안 구애하셨다. 선지자들과 천사들을 보내고 또 보내어 그의 백성들이 좋은 삶을 살 수 있도록, 그분의 방식을 따르도록 가르치셨다.

자, 이제 아담과 하와가 에덴동산에서 쫓겨나고 4,000년이 지난 베들레헴으로 시간을 얼른 옮겨보자. 마음속에는 이러한 그림을 그려보자. 하나님의 천사가 양들을 지키던 목자들 앞에 나타났다. 천사는 강보에 싸여 구유에 누인 아기를 찾으라고 명한다. 이 같은 명령이 천사의 입술을 떠나자마자 하나님을 찬양하는 하늘의 수많은 천사의 합창소리에 뒤섞인다. "지극히 높은 곳에서는 하나님께 영광이요 땅에서는 하나님이 기뻐하신 사람들 중에 평화로다"(눅 2:14).

우리의 구주, 인간의 중보자가 오신 것이다! 마침내 우리의 영이 살아날 길이 열렸다.

> 하나님이 세상을 이처럼 사랑하사 독생자를 주셨으니 이는 그를 믿는 자마다 멸망하지 않고 영생을 얻게 하려 하심이라(요 3:16-17).

예수님으로 인해 우리는 구속되어 우리의 창조주이신 하나님과 연합할 수 있게 되었으며, 하나님 나라가 다시 우리에게 열렸다! 어떻게 이 모든 일이 일어날 수 있을까? 예수님은 그 과정을 니고데모에게 이같이 설명하셨다.

> 그런데 바리새인 중에 니고데모라 하는 사람이 있으니 유대인의 지도자라 그가 밤에 예수께 와서 이르되 랍비여 우리가 당신은 하나님께로부터 오신 선생인 줄 아나이다 하나님이 함께하시지 아니하시면 당신이 행하시는 이 표적을 아무도 할 수 없음이니이다 예수께서 대답하여 이르시되 진실로 진실로 네게 이르노니 사람이 거듭나지 아니하면 하나님의 나라를 볼 수 없느니라 니고데모가 이르되 사람이 늙으면 어떻게 날 수 있사옵나이까 두 번째 모태에 들어갔다가 날 수 있사옵나이까 예수께서 대답하시되 진실로 진실로 네게 이르노니 사람이 물과 성령으로 나지 아니하면 하나님의 나라에 들어갈 수 없느니라 육으로 난 것은 육이요 영으로 난 것은 영이니 내가 네게 거듭나야 하겠다 하는 말을 놀랍게 여기지 말라 바람이 임의로 불매 네가 그 소리는 들어도 어디서 와서 어디로 가는지 알지 못하나니 성령으로 난 사람도 다 그러하니라 (요 3:1-8).

당신이 하나님의 말씀을 공부하면, 우리 영이 구속되어 하나님께로 갈 길을 여는 유일한 방법이 예수 그리스도임을 알게 될 것이다.

> 예수께서 이르시되 내가 곧 길이요 진리요 생명이니 나로 말미암지 않고는 아버지께로 올 자가 없느니라 (요 14:6).

"하나님께로 가는 길은 많다"라는 말을 들어보았을 것이다. 이 말은 정치적으로는 옳을지 몰라도 진리는 아니다. 예수님은 "나로 말미암지 않고는 아버지께로 올 자가 없다"고 말씀하신다. 하나님과의 관계 회복에는 피의 희생이 필요했다. 예수님은 우리를 위해 희생제물이 되셔서, 우리가 하나님과 화해할 수 있는 값을 치르셨다. 우리의 거룩하신 하나님은 거룩하지 않은 존재와 가까이하실 수 없다. 그분은 죄와 함께 거하지 못할 뿐 아니라 죄와 가까이하시지도 않는다. 그런 이유로, 우리가 회복되려면 우리 자신이 흠 없는 자가 되어야 한다. 예수님의 보혈이 바로 그 일을 가능케 한다.

우리의 영이 다시 태어나야만 하나님과 온전한 관계에 들어갈 수 있다. 그 일이 일어나는 유일한 방법은 예수님을 통하는 것이다. 예수님도 이 사실로 씨름하셨다. 주님은 겟세마네 동산에서 고독한 기도를 올리셨다. "조금 나아가사 땅에 엎드리어 될 수 있는 대로 이때가 자기에게서 지나가기를 구하여 이르시되 아빠 아버지여 아버지께는 모든 것이 가능하오니 이 잔을 내게서 옮기시옵소서 그러나 나의 원대로 마시옵고 아버지의 원대로 하옵소서…"(막 14:35-36).

하지만 예수님은 자신이 흘린 피가 얼마나 귀중한 가치가 있는지 아셨다. 우리의 영이 다시 살아나고 하나님 아버지와 화해할 수 있는 유일한 방법은 예수님의 고난과 희생적 죽음을 통하는 것뿐이다.

> 예수께서 힘쓰고 애써 더욱 간절히 기도하시니 땀이 땅에 떨어지는 핏방울같이 되더라(눅 22:44).

그리스도께서 거저 주신 선물을 우리가 받아들이고 그리스도께서 우리의 구주가 되시도록 하나님과 연합을 선택할 때, 우리는 다시 태어난다. 왜 '다시' 태어나야 할까? 우리 영은 세상이 시작될 때 이미 만들어졌지만 죄로 인해 죽었기 때문이다. 이제 우리의 영은 예수 그리스도의 구원하시고 희생하시는 피로 인해 다시 태어날 수 있게 되었다. 우리는 그리스도 안에서 살아나서 주님께 접붙여졌다. 요한복음 15장 5-8절은 우리에게 그것을 말해주고 있다.

> 나는 포도나무요 너희는 가지라 그가 내 안에, 내가 그 안에 거하면 사람이 열매를 많이 맺나니 나를 떠나서는 너희가 아무것도 할 수 없음이라 사람이 내 안에 거하지 아니하면 가지처럼 밖에 버려져 마르나니 사람들이 그것을 모아다가 불에 던져 사르느니라 너희가 내 안에 거하고 내 말이 너희 안에 거하면 무엇이든지 원하는 대로 구하라 그리하면 이루리라 너희가 열매를 많이 맺으면 내 아버지께서 영광을 받으실 것이요 너희는 내 제자가 되리라.

우리는 주님의 가지다. 우리가 주님께 순종하면 그분을 통해 더 좋은 열매를 많이 맺을 수 있다. 이렇게 맺은 좋은 열매가 우리 하나님 아버지를 영광스럽게 한다. 이 얼마나 흥분되는 이야기인가!

더 들을 준비가 되어 있는가? 그러면 다시 출발해보자!

세례 요한이 예수님께 세례를 주는 장면을 그려보라. 예수님이 물속에서 나오시자마자 성령이 내려와 예수님을 그분의 첫 영적 전투장으로 내모셨다. 우리 주님은 적에게서 통치권을 되찾아오기로 하셨다. 주님은 광야에서 40일을 금식하려고 자신을 준비하셨다. 그리고 악한 영에 대항하셨다. 사탄은 전투에서 이기지 못하는 것을 보고는 (더 좋은 기회를 위해) 떠났다. 그러자 천사가 와서 예수님을 시중들었다. 얼마 지나지 않아 예수님은 갈릴리로 돌아가셔서 완전히 새로운 삶에 관해 사람들에게 이야기하셨다.

때가 찼고 하나님의 나라가 가까이 왔으니 회개하고 복음을 믿으라 (막 1:15).

오랫동안 그리스도인으로 살아왔지만 이 선포에 담긴 놀라운 진리가 그동안 내 삶에 빠져 있었다. 나는 예수님이 무슨 말씀을 하시는지 깨닫지 못했다. 예수님은 "네 죄를 슬퍼하여라. 죄송하다고 해야 천국에 갈 수 있다"라고 하시지 않았다. 물론 우리는 마땅히 그렇게 해야 할 것이다. 하지만 이것은 온전한 의미와는 거리가 멀다. 슬프게도 사람들 대부분은 이 완전한 그림을 이해하지 못한다.

예수님은 복음을 천국으로 가는 티켓이라고 광고하시지 않았다. 오히려 새로운 삶의 방식, 바로 여기서 시작되는 영원한 생명을 선포하셨다. 주님은 '회개하라!'고 하셨는데 그것은 '변화하라'는 의미다. 주님은 과거에는 물론 지금도, 누구든지 주님께 귀를 기울이면 새날이 열린다고 말씀하신다. 수천 년 동안 하나님께로 가는 길이 막혀 있었다. 하지만 예수님이 그 길을 우리에게 열어주셨다. 주님은 하나님 아버지와 우리를 화해시키셨다. 또 하나님 나라와 생명나무에게로 돌아가는 문을 활짝 여셨다. 하나님 나라의 실상은 우리가 아는 세계와는 전혀 다르다. "이는 그로 말미암아 우리 둘이 한 성령 안에서 아버지께 나아감을 얻게 하려 하심이라 그러므로 이제부터 너희는 외인도 아니요 나그네도 아니요 오직 성도들과 동일한 시민이요 하나님의 권속이라"(엡 2:18-19). 죄의 사슬이 끊어졌다. 우리에게는 놀라운 새 세계, 생각하고 믿고 행동하는 새로운 삶의 방식이 가능하다. 새로운 삶의 방식이 바로 내 눈 앞에 있다. 그것이 하나님 나라이며, 우리는 그 나라의 시민이 되도록 초대받았다.

제자들이 예수님께 기도를 가르쳐달라고 요청했던 것을 기억하라. 예수님은 그들에게 이렇게 이르셨다. "나라가 임하시오며 뜻이 하늘에서 이루어진 것같이 땅에서도 이루어지이다"(마 6:10). 철옹성 같던 벽이 무너졌다! 모든 것이 새로 세워졌으며, 예수님으로 인해 우리는 아담이 잃어버린 생명나무에 다가가게 되었다. 히브리서 4장 16절은 이렇게 말한다. "그러므로 우리는 긍휼하심을 받고 때를 따라 돕는 은혜를 얻기 위하여 은혜의 보좌 앞에 담대히 나아갈 것이니라."

이 말씀을 아는가? 예수님은 십자가에 달리시기 전에 "내가 아버지의 말씀을 그들에게 주었사오매 세상이 그들을 미워하였사오니 이는 내가 세상에 속하지 아니함같이 그들도 세상에 속하지 아니"한다(요 17:14-16)고 하나님께 기도하셨다.

예수 그리스도의 제자들과 가장 높으신 하나님의 자녀들인 우리는 하나님 나라의 시민이다. 그곳은 세상과는 다른 원칙과 영적인 법칙으로 운영되며, 그 모든 것들은 믿음으로 활성화된다.

예수께서 대답하시되 내 나라는 이 세상에 속한 것이 아니니라 만일 내 나라가 이 세상에 속한 것이었더라면 내 종들이 싸워 나로 유대인들에게 넘겨지지 않게 하였으리라 이제 내 나라는 여기에 속한 것이 아니니라(요 18:36).

우리가 그리스도와 동행하며 살면 모든 것이 변화한다! 거듭나기 전 우리는 세상의 체제와 지식 아래서 살았다. 하지만 그리스도와 함께하면 모든 것이 새롭다. 우리가 이 하나님 나라의 방법을 배우는 것은 주님과 하나님의 말씀을 통해서다. 예수님은 말씀하신다. "내가 곧 **길**이요 **진리**요 **생명**이니 나로 말미암지 않고는 아버지께로 올 자가 없느니라"(요 14:6, 강조는 저자).

하나님의 진리로 가는 유일한 길은 예수님이다.

> 누가 철학과 헛된 속임수로 너희를 사로잡을까 주의하라 이것은 사람의 전통과 세상의 초등학문을 따름이요 그리스도를 따름이 아니라 그 안에는 신성의 모든 충만이 육체로 거하시고 너희도 그 안에서 충만하여졌으니 그는 모든 통치자와 권세의 머리시라(골 2:8-10).

하나님이 우리를 위해 행하신 이 놀라운 진리를 당신이 온전히 이해해 붙들면 좋겠다. 우리 한 사람 한 사람을 너무나 사랑하셔서 하나님은 그분께 가장 귀중한 아들을 주셨다. 왜 그러셨을까? 우리를 다시 그분과 경계 없는 교제 안에 있게 하시기 위해서다. 하나님이 모든 사람을 위해 처음부터 계획하신 그 계획이 회복되어, 하나님에게서 분리된 상태(이것이 바로 지옥 아니겠는가!)에서 우리를 구원받을 수 있게 하시기 위해서다.

이 세상에 태어난 모든 사람은 영원히 존재할 것이다. 우리가 이 땅에서 마지막 호흡을 내뱉을 때 우리는 영역이 다른 나라로 들어갈 것이다. 그곳에서 우리는 영원히 살 것이다. 영원이라는 시간은 아주 긴 시간, 끝이 없는 시간이다. 하지만 예수님으로 인해 당신과 나는 그 영원의 시간을 어느 나라에서 지낼지 선택할 수 있다. 당신은 예수님과 함께 하나님 나라에서 살 수 있다. 그 나라는 사랑이 지배하며 모든 것이 온전하여, 부족함도 훼손된 것도 없다! 오직 선함만이 당신 주변에 있을 것이다. 반대로 어둠의 나라에서 살 수도 있다. 그곳은 하나님의 선하심과 자비, 하나님의 성품이 부재한 곳이다.

기쁜 소식은 당신이 오늘 여전히 숨을 쉬고 있기에 바로 지금 자신의 미래 주소를 어디에다 둘지 선택할 수 있다는 것이다. 혹시라도 당신 마음에 예수님이 들어오시도록 초청하지 않았다면, 이 책을 읽는 지금 초청할 수 있다! 네 문장이면 된다. "예수님, 제가 주님을 등지고 살았던 그 시간들이 얼마나 안타까운지요. 오늘 저는 저를 창조하신 주님이 원하시는 대로 영원한 생명을 선택하고자 합니다. 저의 지난 잘못을 모두 용서해주세요. 주님이 제 마음에 들어오셔서 주인이 되시고 구원자가 되어주소서."

이렇게 고백하면 된다! 이 간단한 기도를 진심으로 드린다면, 당신의 영은 생명에 이르고 당신은 이제 그리스도 안에서 새로운 피조물이 되는 것이다. 모든 것이 완전히 새로워진다. 예수님이 당신 마음속에 자리 잡으셨다. 아직은 크게 달라진 것을 못 느낄 수도 있지만, 내 말을 믿으라. 당신은 크게 변화되었다! Susan@Daniel-Fast.com으로 메일을 보내 당신이 그리스도를 영접한 것을 내게 알려주어도 좋겠다. 나

는 이 놀라운 믿음이 이끄는 삶을 시작하는 방법에 관한 내용을 정리해
답장을 보낼 것이다.

5.
다니엘 금식 5단계

"다니엘 금식을 한 지 이제 일주일이 되었습니다. 정말 놀라운 시간이었습니다. 하나님과 가까이 있다는 것은 제가 설명할 수 없는 경이로움이었습니다." –쉴라

나는 다니엘 금식 사역을 통해 전 세계 수많은 사람과 소통하는 복을 받았다. 첫 금식을 경험할 수 있도록 많은 사람을 인도했고, 어떤 이들과는 그들의 최근 금식 경험에 대해 의견을 나누었다. 그런 과정을 통해 나는 금식을 효과적으로 할 수 있는 다섯 가지 구체적인 단계를 찾아낼 수 있었다.

1. 기도

당신의 금식은 하나님에게서 출발해야 한다. 자신을 활짝 열어 당신의 의도를 하나님께 말씀드리자. 당신과 금식을 그분께 맡기자. 혹시 이런 상호작용과 하나님과의 친밀함에 익숙지 않더라도 괜찮다. 하나님은 이해하신다. 조금 어색할지라도 물러서지 말고 앞으로 나아가자. 그리고 꼭 기억하자. 당신이 하나님께 말하기도 전에 당신에게 무엇이 필요한지 하나님은 아신다. 시편 기자는 이렇게 표현했다. "여호와여 주께서 나를 살펴보셨으므로 나를 아시나이다 주께서 내가 앉고 일어섬을 아시고 멀리서도 나의 생각을 밝히 아시오며 나의 모든 길과 내가 눕는 것을 살펴보셨으므로 나의 모든 행위를 익히 아시오니 여호와여 내 혀의 말을 알지 못하시는 것이 하나도 없으시니이다 주께서 나의 앞뒤를 둘러싸시고 내게 안수하셨나이다 이 지식이 내게 너무 기이하니 높아서 내가 능히 미치지 못하나이다"(시 139:1-6).

2. 계획

분주하지 않은 때를 골라 금식을 위한 계획에 약간의 시간을 투자하자. 금식하려는 목적은 무엇인가? 언제 시작할 것인가? 언제 마칠 것인가? 일정표를 보고 식사 약속과 예정된 활동들이 있는지 살펴보자. 변경해야 하는 일정이 있는가? 금식 때문에 조정해야 할 일들은? 무엇을 공부할 것이며 필요한 자료는 어떤 것들인가? 그것들을 사러 직접 갈 것인가, 온라인으로 주문할 것인가? 금식할 때 일과를 어떻게 조정해야 할지 미리 생각해두자. 기도와 말씀 공부 그리고 묵상을 위해 일찍 일어날 것인가? 다니엘 금식을 위해서는 음식을 조리할 시간도 필요하다는 점을 잊지 말자. 직장이나 학교에 도시락을 싸 가지고 갈 것인가? 금식 기간 동안 먹을 음식을 미리 준비하기 위해 식사 준비 시간을 할애할 수 있는가? 금식을 마음에 품고 자신의 일정과 계획을 그려보라.

3. 준비

이제 당신은 금식 기간, 목적, 원하는 자료, 식사 등에 대한 계획을 마쳤을 것이다. 지금은 실제로 바삐 움직이면서 모든 것을 준비해야 할 단계다. 나는 당신이 이 책에 있는 모든 내용을 읽을 수 있는 시간을 내면 좋겠다. 그러면 금식 시작 전에 기도와 금식에 관한 정보를 충분히 얻을 것이다. 자신의 신체를 금식에 맞게 준비시키기 바란다면, 금식 시작 열흘 전부터 하루에 약 1.8리터 이상의 물을 마시도록 하자. 카페인 섭취를 조금씩 줄이면서 설탕과 화학조미료가 들어간 음식도 줄여나가자. 이것은 금식 첫 주에 발생하는 불편함을 완화하는 데 도움이 되는 중요한 단계다. 이때는 철저한 준비에 자신을 투자할 시간이다.

4. 참여

이제 시작이다! 당신이 금식에 직접 참여하는 것이다. 금식 기간 동안 여러 차례 전투를 겪을 것이다. 당신의 피부는 음식에 대한 욕구와 배고픔의 고통을 인내하는 것에 반발할 것이다. 당신의 몸은 설탕과 카페인이 부족할 때 생기는 증상으로 아플 것이다. 첫 주에는 약간 피곤하겠지만 시간이 지나면서 기분도 좋아지고 에너지도 생겨,

선명하게 사고하고 건강함도 느끼고 안정감도 증가할 것이다. 반드시 충분한 물을 마셔야 한다. 적어도 매일 1.8리터 이상 마시라. 육신이 반항을 하더라도 당신의 영혼이 통제력을 갖도록 든든히 서자. 가장 중요한 것은, 당신의 일정 맨 앞에 사랑하는 아버지 하나님을 놓아야 한다는 것이다. 하나님과의 시간에 익숙지 않다면, 성령께 당신을 인도하고 가르쳐달라고 구하자. 하나님 아버지의 사랑이 당신의 마음에 들어오도록 하자. 그분과 친밀해져야 한다. 성령이 이끄시는 대로 사는 방법을 배우고 그분이 당신의 삶에서 일하시도록 하자. 성령은 그의 사랑이 당신에게 증언되기를 간절히 원하시며, 사랑하고 믿는 아버지에게 어린아이가 하듯이 당신이 그분의 손을 잡기를 간절히 바라신다.

5. 찬양과 정리

금식 경험과 이 기간 동안 하나님이 주신 모든 축복 및 교훈에 대해 하나님께 감사드리자. 배운 것을 정리하고 당신이 이루고자 하는 어떤 영구적인 변화에 관해 생각하려면 자신의 경험을 돌아보는 시간이 필요하다. 금식 기간이 끝나더라도 지속하고 싶은 긍정적이고 건강한 습관이 개발되었을 가능성이 높다. 혹시라도 금식에 실패했다면, 다음에 성공하려면 어떻게 해야 할지 점검하고, 잘한 것은 무엇이고 바꿔야 할 것은 무엇인지 적어두자.

위의 다섯 단계를 조금 더 자세히 들여다보자.

기도: 금식을 위한 첫 단계

당신은 하나님께 더 가까이 가며, 삶에서 하나님의 인도하심을 맛볼 색다른 경험에 들어섰다. 바로 지금 하나님께 당신에게 복 주시기를 간구해보자. 마음을 주님께 향하여 열고 당신이 알아야 할 진리를 하나님이 보여주실 수 있도록 준비하자. 당신 자신과 이 금식을 하나님께 올려드리라. 주님 앞에 자신을 겸손히 낮추고 그분의 말씀을 들어보자. 이것이 금식 준비를 위한 가장 중요한 첫 단계다.

몇 년 전 나는 날마다 하나님 말씀을 공부하기 위한 '최상의 결단'을 놓고 고심한다는 말을 어떤 성경 교사에게서 들었다. 나는 '최상의 결단'이라는 용어에 관심이 갔다. '최상의 결단이란 무엇일까?' 이런 궁금증을 품은 뒤 배운 것들이 내게 엄청난 도움을 주었다. 나는 당신이 다니엘 금식을 대할 때도 그 교훈이 엄청난 차이를 만들 수 있다고 믿는다.

최상의 결단이란 확고하고 신중하며 생각과 숙고를 거친 결심이다. 당신이 최상의 결단을 했다는 것은 끝까지 이루려는 강력한 의지를 발휘하겠다는 뜻이다. 내게 최상의 결단은 최선을 다하겠다는, 하나님과 나 자신의 약속이다. '지레 겁을 먹거나' 상황이 어려워질 때 후퇴하지 않겠다는 것이다. 성경은 "하나님의 전신 갑주를 취하라 이는 악한 날에 너희가 능히 대적하고 모든 일을 행한 후에 서기 위함이라"(엡 6:13)라고 말한다. 최상의 결단은 내가 원칙을 고수하는 일에 온전히 헌신하겠다는 뜻이다.

최상의 결단을 하는 것이 왜 그토록 중요할까? 포기하거나 타협하고 싶을 때가 올 것이기 때문이다. 직장에서 힘든 하루를 보내고 집에 오면 기진맥진해 있을 것이다. 콩죽 한 그릇이나 두부 한 입으로 저녁을 때우고 싶은 생각은 눈곱만큼도 없다. 그리고 집에 혼자 있다면 어떨까? 빵 한 쪽, 초콜릿 한 입 먹는다고 누가 알겠는가? 당신이 좋아하는 고깃집 이나 스테이크집에서 점심을 먹자는 친구의 전화는 어떤가? '그래, 점심 한 끼인데 뭘. 한두 점만 먹지. 저녁에 다시 금식하면 되지.' 당신은 이렇게 위안을 삼을 것이다.

날이 밝기도 전에 알람이 시끄럽게 울린다. 하나님 말씀을 공부하려면 일어나야 하는데, 따뜻한 이불 속에서 조금만 더 있고 싶다. 텔레비전에서 좋아하는 프로그램이 방송된다. 성령의 말씀대로 당신의 마음에 말씀 구절이 뿌리 내리도록 암송을 해야 하는데, 텔레비전을 보고 싶다. 이런 투쟁이 금식의 핵심이다. 당신이 최상의 결단을 한다면, 그런 투쟁에서 싸워 이길 수 있을 것이다. 유혹을 못 이겨 의지가 약해질 때, 최상의 결단은 결심을 새롭게 하고 성령의 도우심을 구하여 자제력과 인내를 발휘하게 해줄 것이다. 이것은 우리를 세우고 강화시키며 교훈하는 훈련이다. 우리는 그 교훈과 훈련을 단순히 한 끼 식사나 텔레비전보다 훨씬 더 높은 인생의 난관을 만날 때 활용할 수 있다.

최상의 결단을 한 당신은 자신에게 확고한 약속을 했다. 그 확고한 헌신의 약속을 깨려면 그만큼의 생각과 숙고가 요구될 것이다. 자신의 행동에 대해 강하게 의식하고 있다면 당신이 육에게 항복하려는 찰나에 실제로 '자신을 돌아볼 수' 있게 된다. 예컨대 당신이 다니엘 금식 목록에 올라온 빵을 먹지 않겠다는 최상의 결단을 했다고 하자. 어느 날 쇼핑을 하는데 햄버거 가게가 당신의 이름을 부르는 것같이 느껴질 것이다. 마음은 원이로되 육신이 약하여 그만 계산대 앞에 줄을 서고 만다. 그런데 자신이 지금 무슨 행동을 하고 있는지 의식한다면 잠

깐 멈추어 다시 생각해볼 수 있다. '이 전투에서 누가 이길 것인가? 영인가 육인가?'

계획: 나와의 짧은 회의

다소 이상하게 들릴지 모르겠지만 나는 나 자신과의 회의를 자주 소집한다. 내가 '나와의 짧은 회의'라고 이름 붙인 그 회의를 나는 한 달에 몇 번씩 실제로 연다. 당신이 금식을 준비할 때 자신과의 회의를 가져볼 것을 나는 강력히 권한다. 다른 사람에게 방해받지 않고 자신을 바라볼 수 있는 시간을 잠시 가져보자. 자신과 대화하며 당신의 목표와 인간관계 그리고 자신의 삶과 같은 중요한 일들을 살펴보자.

우리는 많은 경우, 의식하지 못한 채 습관적으로 살고 있다. '어머, 내가 생각이 없었네!' 하며 뒤늦게 한탄할 때가 얼마나 많은가? 하지만 하나님은 우리를 놀랍게 창조하셨다. 우리에게는 대단한 정신력과 강력한 상상력이 있다. 그것들이 하나님께 속할 때 놀라운 일들이 생길 수 있다. 우리는 목적과 의지에 따라 의식적인 삶을 살 수 있다. 그것이 바로 하나님이 우리에게 기대하는 바가 아닌가. 하지만 우리는 시간을 내어 자신의 삶을 생각하고 현명한 판단을 하겠다는 선택을 해야 한다. 적어도 하루에 한 번은.

야고보서 1장 5절은 이렇게 말한다. "너희 중에 누구든지 지혜가 부족하거든 모든 사람에게 후히 주시고 꾸짖지 아니하시는 하나님께 구하라 그리하면 주시리라."

자신과의 짧은 회의를 소집하자. 당신의 삶이 어떻게 가고 있는지 점검하자. 그렇다고 자책이나 회한에 빠지라는 말은 아니다. 그보다는 자신에게 투자를 하는 시간이다. 다니엘 금식 기간은 이렇게 자신을 돌아보는 데 완벽한 시간이다. '나는 못 해. 그건 멍청한 짓이야' 따위의 생각은 머릿속에서 확 밀어내자. 그 대신 성령께 마음을 열고 자신의 가장 깊은 마음속 열망을 열어 보이자. 그리고 다음과 같은 질문에 답을 적어보자.

• 앞으로 1년 동안 이루고 싶은 5가지는 무엇인가?

적어도 한 주에 5일은 가족과 저녁 식사를 하겠다. 새롭게 뭔가를 배우겠다. 일주일에 한 절씩 성경을 암송하겠다. 가고 싶었던 곳으로 여행을 떠나겠다. 신앙 집회에 참석하겠다. 승진을 위해 노력하겠다. 대체로 이런 것들이 포함될 것이다. 그런 목표가 당신 내면에서 올라오도록 그냥 두라. 사람들은 대부분 이루지 못한 꿈과 소망을 자신의 마음에 품고 있게 마련이다.

• 갖고 싶은 새로운 습관 3가지는 무엇인가?

하루에 한 시간은 하나님 아버지를 만날 수 있도록 아침 시간을 조절하겠다. 과체중인 몸무게를 감량하겠다. 텔레비전을 덜 보고 책을 더 읽겠다. 스마트폰을 내려놓고 가족과 대화하겠다. 매일 세 번씩 배우자와 자녀들을 칭찬하는 습관을 기르겠다. 다시 당신 마음 안에 있는 그 이루어지지 않은 소망에 다가서보라.

• 당신이 승리하기 위해서는 하나님의 도움이 필요하다. 어떤 두려움이 있는가?

은퇴할 때 충분한 자금을 모아두지 못한 것? 당신에 대한 평판과 주위 사람들의 시선? 경제 사정이 악화되어 필요를 채울 수 없을 것 같은 두려움?

- **마음속에 용서하지 못한 것이 있는가?**

이 질문에 '아니요'라고 답했다면 축복받은 것이다. 너무나 많은 사람이 아물지 않은 상처와 여전히 우리를 짓누르는 용서받지 못한 잘못들을 가지고 있다. 어쩌면 이 글을 읽는 동안에도 어떤 생각이나 기억이 표면 위로 부글부글 끓어오르고 있을지 모르겠다.

- **삶에서 '고장' 난 영역이 있는가?**

당신 머릿속에 불길하게 느껴지는 일이나 당신이 해결해야 하는 개인적인 어려움이 있는가? 당신의 관심이 필요한 인간관계나 늘 신경 쓰이는 문제, '이것은 꼭 해치워야 해'라고 마음먹은 사항들이 있는가? 그런 일들을 나열하여 그 문제들을 처리할 수 있게 하라.

다니엘 금식 기간 중에 기도와 말씀 공부와 자신이 할 일에 초점을 두되 자신이 만든 목록을 고려해 한두 가지 목표를 정해보자. 그것이 당신의 금식 목적이 될 것이다.

몇 년 전 나는 여전히 떨치지 못한 원망의 감정을 벗어버리겠다고 결단했다. 마음속 그 사람을 전에도 여러 번 용서하려고 했지만 성공하지 못했다. 내게 큰 잘못을 한 사람을 용서하는 방법을 제대로 알지 못했던 것이다. 내게는 도움이 필요했다. 그래서 다니엘 금식 기간 중에 용서에 관해 공부하고 그 사람을 용서하는 작업에 초점을 두기로 했다. 나는 R. T. 켄달의 《완전한 용서》(*Total Forgiveness*, 죠이선교회 역간)를 샀다. 저녁마다 한 챕터씩 읽으며 주님과 함께하는 아침 경건의 시간에 내가 배운 것을 주님께 말씀드리고 내 생각과 상처 그리고 용서하고자 하는 바람을 나누었다.

그 과정 내내 성령이 나를 인도하사 상처 많은 기억을 감사의 기도로 바꾸는 방법을 알려주셨다. 그 책에서 용서가 무엇인지 깨닫게 되었으며, 그 사람을 온전히 용서하는 과정을 밟도록 인도받았다. 가끔 슬픈 기억이 확 올라오기도 하겠지만 이제 그 "생각을 사로잡아" 그것을 좋은 생각과 짧은 기도로 바꿀 준비가 되었다.

하나님 아버지는 우리가 스스로 자신을 잘 점검해 강하고 건강한 사람이 되기를 원하신다. 우리는 이런 자기 점검의 의무를 부여받았다. "우리가 우리를 살폈으면 판단을 받지 아니하려니와 우리가 판단을 받는 것은 주께 징계를 받는 것이니 이는 우리로 세상과 함께 정죄함을 받지 않게 하려 하심이라"(고전 11:31-32). '징계받다'라는 말은 '배우라는 지시를 받다'라는 의미로 쓰인다. 우리가 우리 자신의 단점을 볼 때, 사랑하는 하나님은 약점을 강점으로 바꾸기 위해 우리에게 필요한 것이 무엇인지 보여주실 것이다. 그리고 우리가 자신의 내면을 가만히 들여다보면, 산산이 흩어지기 전에 부서지고 금이 간 조각들을 맞출 새로운 방법을 배울 수 있을 것이다.

금식 계획을 세울 때는 하나님과 만나는 시간을 지속적으로 갖기 위한 시간을 정해야 한다. 많은 사람은 아침 경건의 시간으로 하루를 시작하는 것이 가장 좋다고 한다. 그 시간이 집중하기에 가장 좋고 하루를 위한 완벽한 기초가 되기 때문이다. 하지만 아침 시간에 경건의 시간을 갖기 어려운 형편이라면, 자신에게 맞는 시간을 택하면 된다. 문제는 일관성이다. 다니엘은 자신의 책무로 인해 매우 바빴다. 관습도 다르고 거짓 신을 예배하는 이방 나라에 살고 있는 처지였다. 그럼에도 그는 여전히 아침, 점심, 저녁, 하루 세 번 기도하는 유대인의 전통을 지켰다. 이런 매일의 영적 자양분으로 인해 하나님은 당신과 소통하실 수 있고 하나님의 말씀으로 당신을 인도하실 수 있게 된다.

그러니 금식을 계획할 때는 반드시 하나님과 매일 일대일로 만날 수 있는 시간을 떼어놓도록 하자.

기도와 묵상 그리고 말씀 공부 방법을 계획하라

어쩌면 당신은 성숙한 그리스도인이라서 자신의 영적 성장 및 하나님과의 관계를 유지해주는 좋은 습관을 이미 갖고 있을 수도 있다. 자신에게 잘 맞는 방법을 발견했다면 멋진 일이다. 이 장은 아직 기도 생활이 어렵거나 자신의 필요에 맞는 청사진을 발견하지 못한 분들을 돕기 위해 썼다. 자신이 많이 부족하다고 생각되어도 안심하라. 당신은 혼자가 아니다. 수많은 사람이 아직 이런 면에서 어려움을 겪고 있다는 메일을 보내오고 있다.

성경 공부, 기도 그리고 묵상에 접근하는 방법은 많지만, 다니엘 금식은 좋은 습관과 영적 훈련을 위한 완벽한 기회가 될 것이다. 당신은 금식을 계획하면서, 이 기간 동안 정확히 무엇을 어떻게 공부할지 고민이 될 것이다. 다른 사람들과 나에게 잘 통했던 몇 가지 방식을 여러분과 나누겠다. 하지만 이 목록이 완전한 것은 아님을 꼭 기억하기 바란다. 다른 패턴을 시도하거나 자신에게 잘 맞는 일정을 찾아보아도 좋을 것이다. 기억하자! 가장 중요한 일은 당신이 하나님 아버지와 인격적인 관계를 맺고, 깊고 지속적인 교제로 들어갈 훈련을 하는 일이다.

하나님과의 교제에서 성장을 위한 기초 열쇠는 '일관성'이다. 매일 아침 6시에 기도를 시작하지 않으면 실패한다거나, 성경을 다섯 장 읽기로 했는데 네 장만 읽은 것을 따지는 것이 아니다. 즉, 율법주의적인 일관성을 말하는 것이 아니다. 율법주의적 사고는 당신이 성취하려는 결과에 초점을 두지 않고 활동 자체에 초점을 둔다. 우리가 원하는 결과는 하나님과의 성숙하고 친밀한 교제다. 영적 율법주의는 영적 훈련과는 크게 차이가 난다. 여기서 말하는 훈련은 구체적인 목적을 위해 지속적으로 실천하는 습관이나 일상에서의 반복을 의미한다. 그리스도인의 믿음의 훈련에는 기도와 금식, 십일조와 같은 많은 영적 훈련이 포함된다. 나는 그런 영적 훈련이 하나님 나라에서 우리가 할 일이라고 생각한다. 우리가 하나님의 계명을 따를 때 우리는 영적 훈련을 받고 있는 것이다.

예수님도 영적 훈련을 많이 받으셨다. "예수께서 그 자라나신 곳 나사렛에 이르사 안식일에 늘 하시던 대로 회당에 들어가사 성경을 읽으려고 서시매"(눅 4:16). "늘 하시던 대로"라는 말에서 우리는 안식일에 회당에 가시는 것이 예수님의 일상이자 습관이고 영적 훈련이었음을 알 수 있다. 신약성경 전체를 통해 우리는 예수님이 하나님 아버지께로 더 가까이 가고자 일관되고 반복적인 습관을 만들고 계셨다는 것을 알 수 있다.

그러므로 우리도 영적 훈련에서 성공하려면 지속적으로 반복해서 실행할 수 있는 영적 훈련을 개발하는 것이 좋다. 우리가 그리스도의 모범을 따르면 믿음 안에 머물게 되며, 하나님의 말씀을 듣고 잘못을 저지르지 않게끔 도움을 받을 것이다. 영적 훈련의 성공을 위해 미리 계획하고 하나님 아버지를 의식적으로 좇아가도록 하자. 당신이 상상하는 것보다 더 큰 보상이 있을 것이다. 그것들은 세상적인 보상이 아니다. 그보다 훨씬 좋은 것이다. 하나님 나라의 것이니까!

시간과 장소를 정하라

먼저 하나님과 일대일로 만날 수 있고 집중할 수 있는 시간을 정하자. 대부분의 사람들에게 그 시간은 이른 아침이다. 우리 교회 데이비드 살츠만 목사는 내가 '정상에서 그리스도와의 만남'(Crest and Christ)이라고 부르는 일을 실천한다. 그는 매일 아침 일어나자마자 양치질을 하고 하나님과 시간을 갖는다. 매일 같은 시간에 잠을 깨는 것은 아니다. 어떤 날은 조금 더 자기도 하지만, 잠에서 일어나면 그대로 실천한다. 그는 양치질을 한 후 다른 활동에 정신을 빼앗기기 전에 하나님과 시간을 보낸다. 간혹 이 훈련을 빼먹을 때도 있지만 그럴 때면 뭔가 빠진 듯한 기분이 들어 그 일정으로 돌아가고 싶은 생각이 간절해진다고 한다.

내 습관도 마찬가지로 아침이다. 금식을 하지 않을 때는 '예수님과 함께하는 커피 타임'을 가진다. 일어나자마자 뜨거운 커피 한 잔을 내린다. (인생 대부분을 스타벅스의 고향인 시애틀에서 보냈기 때문에 내게 커피는 문화적으로 일상화되어 있다.) 그러고는 침대로 가서 베개를 등에 고이고는 "주님, 좋은 아침이네요"라고 고백하며 하나님과의 멋진 시간 속으로 들어간다. 금식할 때는 레몬을 넣은 따뜻한 물로 대체한다.

대개 나는 내가 얼마나 주님을 사랑하는지, 그분의 사랑과 애정에 내가 얼마나 감사하는지 고백하는 것으로 경건의 시간을 시작한다. 나는 하나님의 크신 보살핌에 매번 놀라 겸손해진다. 그분의 선하심, 사랑, 공급하심에 진심으로 감사하며 그분을 찬양한다. 그다음 순서나 방법은 날마다 조금씩 다르다. 어떤 때는 성경을 읽다가 한 구절이나 한 문단에 마음을 빼앗겨 읽기를 멈추고 묵상하기도 한다. 기독교 서적이나 잡지를 읽기도 하는데, 대체로 내가 신앙을 성장시키기 위해 하는 일들과 연결된 주제를 읽는다. 성령께 매우 구체적으로 나의 약점을 드러내고, 내가 이해하지 못하는 일들에 관해 질문을 하거나 내 삶의 어떤 상황에 개입해 나를 도와달라고 간구한다.

나는 지속적으로 적어도 하루 한 시간은 매일 이렇게 한다. 두세 시간을 소요할 때도 많다. 물론 아이들이 다 성장했고 집에서 일하기 때문에 가능하다. 하지만 우리 아이들이 어릴 때도 나는 예수님과 함께하는 커피 타임을 매일 가졌다. 그 습관은 아주 오랫동안 내게 축복의 통로가 되었다.

그러니 금식을 계획할 때 하나님과 함께할 수 있는 시간을 꼭 정하기 바란다. 평생 갈 습관을 세우겠다고 생각하지 말자. 그저 이번 금식 기간 동안 할 수 있는 것이 무엇인지 곰곰이 생각해보자. 이 영적 훈련을 성공할 수 있도록 스스로를 세워야 한다. 지금 당장 한 시간씩 하는 것이 불가능해 보인다면, 자신과의 짧은 회의를 거쳐 당신이 할 수 있는 방법을 찾아보자. 30분은 어떨까? 아침 시간은 불가능하지 않을까? 저녁 시간이면 좋겠는데…. 저녁 시간이 당신 생활 패턴에 더 좋을 수도 있다. 핵심은 일관되게 매일 하나님과 홀로 만날 수 있는 시간과 장소를 정하는 것이다.

하나님의 말씀에 들어가는 방법을 정하라

성경을 공부하는 데는 정말 많은 방법이 있다. 나는 몇 년에 걸쳐 여러 방식을 응용해보았는데, 주로 그 당시 내 영적 생활 형편이 많은 영향을 준다. 우리는 이미 금식을 위한 목적을 정의하는 것에 대해 이야기했다. 그 목적이 당신을 하나님의 말씀 속으로 들어가게 안내할 것이다.

나는 금식을 시작할 때 대체로 성경 공부 계획을 세운다. 예컨대 몇 년 전에는 기도를 좀 더 효과적으로 하는 방법을 배우고 싶었다. 성경은 이렇게 말한다. "그러므로 내가 너희에게 말하노니 무엇이든지 기도하고 구하는 것은 받은 줄로 믿으라 그리하면 너희에게 그대로 되리라"(막 11:24). 하지만 내 경험은 그와 달랐다. 기도했지만 구했던 것을 받지 못한 적도 많았다. 나는 성경을 믿고 있으며 하나님은 실패하시지 않는 분이라는 것도 안다. 그래서 금식 기간 동안 효과적인 기도를 하는 데에 초점을 맞추기로 정했다. 우선 기도에 관한 책을 두 권 샀다. 하나는 워크북인데, 그것은 기도 응답을 적을 용도였다. 그리고 기도에 관한 성경 말씀 목록을 워크북에 모았다. 금식 첫날, 효과적으로 기도하는 법을 배우도록 도와달라고 성령께 간구했다.

나는 성경에서 기도에 관해 무엇이라고 말하는지 날마다 배웠다. 배운 대로 기도하면서 내가 실수하고 있었음을 알고 새로운 습관을 형성해 나가게 되었다. 기도에 관한 성경 구절을 공부하면서 그 장면 속에 들어가 있는 것처럼 상상했다. 각 구절에 달린 성경 각주를 읽었으며, 어떤 단어의 경우 히브리어와 그리스어 원문의 의미를 찾아보았다. 다양한 기도 방법을 배웠고, 어떤 필요에 대해서는 어떤 형태의 기도가 더 어울리는지도 알게 되었다. 배운 것을 하나님께 말씀드리고 내 지식과 나름의 해석을 사용해 기도하기 시작했다. 책을 읽고 기도하고 묵상하고 성경 연구에 참고할 만한 자료들을 활용하면서 놀라운 하나님의 성품을 알게 되었고, 그것이 내게 쌓이는 것을 느낄 수 있었다.

이런 성경 공부 과정은 하나님을 더 많이 이해하도록 도와주었다. 그뿐만 아니라 하나님과의 교제를 더 깊게 했고, 가장 높으신 왕의 자녀로서 이 세상에서 살아가게 해주었다. 풍요하고 값진 그 아침 시간들은 내 믿음을 한 차원 높여주었다.

유용한 구절을 발견하라

내 친구 론 잭슨은 성경 각 장에서 유용한 구절을 발견하려고 노력한다. 그는 그 장을 다 읽으면 몇 분 동안 방금 읽은 장을 되돌아본다. 머릿속에 그 장의 핵심 구절이 무엇인지 잡히면, 그것이 전체 맥락에서 나머지 부분과 어떻게 연결되는지를 생각한다. 론은 이런 간단한 방법으로, 하나님의 방법을 배울 때 믿음이 자랄 뿐만 아니라 그 구절들이 성경 어디에 있는지도 기억할 수 있게 되었다. 나도 최근에 로마서를 공부하면서 이 방법을 사용해봤다. 정말 도움이 되었다. 각 장의 구체적인 구절을 파악하고 기도하며 내가 배운 것을 하나님께 말씀드린다.

잡초는 솎아내라

하나님의 말씀을 공부하는 또 다른 방법은 우리 선생님이 우리를 만지셔서 그리스도의 형상으로 만들어가시도록 하는 것이다. 예컨대 몇 분 동안 마가복음 4장 1-20절을 읽되, 소리 내어 읽어보자. 바닷가 풀밭에 앉아 있는 당신을 마음으로 그려보자. 예수님이 씨 뿌리는 자의 비유를 가르치시는 그 장소에서 당신이 말씀을 직접 듣고 있다고 상상해보자. 마음을 열고 들으면서 통찰력을 구해보자.

이제, 당신의 마음 상태를 살펴보자. 그 비유에 묘사된 네 사람과 비교할 때 당신 마음은 어떤가? 뽑아버릴 잡초가 있지 않은가? 밭을 고르게 해야 할 필요는? 당신 밭에 하나님의 말씀을 뿌렸을 때 싹이 나서 열매를 맺으려면 어떤 일을 해야 할까?

이것은 당신의 삶을 변화시키기 위해 성경을 사용하는 여러 방법 중 하나다. 성경은 힘 있고 살아 있는 말씀으로 우리에게 하나님의 진리를 드러낸다.

성경의 단어를 공부하라

나는 하나님의 말씀을 파헤치는 이 방법을 좋아한다. 다시 말하지만, 당신의 금식 목적에 따라 하나의 단어, 예컨대 '믿음'과 같은 단어를 생각하자. 그리고 용어사전이나 인터넷 등을 이용해 그 단어가 포함된 구절들을 찾아보자. 나는 내 성경책에서 직접 찾아보기를 좋아한다. 내 성경책으로 말씀을 읽으면 연관된 성경 공부에 도움이 된다. 나는 그 말씀에 주를 달거나 밑줄을 치기도 하고, 특정한 표시를 해두기도 한다. 성경 공부를 하는 중에 내 영혼을 건드리는 말씀이 있다면, 의견을 달고 표시를 해둔다. 마커와 형광펜을 가득 담은 작은 플라스틱통에 페이지를 표시하기 위한 접착 메모지도 담아둔다. 그런 도구들은 공부하고 그 내용을 기억하는 데 도움이 된다.

예수님을 알아가라

예수님을 알아가는 것은 하나님의 말씀을 탐색할 때 내가 가장 좋아하는 방법이다. 예수님을 앎으로써 내 인생이 완전히 바뀌었기 때문이다. 나는 십 대와 청년기를 1960-1970년대 시애틀에서 보낸 베이비부

머 세대로서, 그 도시의 문화와 상황에 영향을 많이 받았다. 그때 나는 그리스도인이 아니었다. 그 시절에 성장한 많은 사람이 그랬듯이, 나는 기성세대에 대해 의문을 품고 있었으며 전통과 문화적 관습이라는 이유만 갖고는 믿음을 받아들일 수 없었다.

1973년 어느 날 아침, (내가 이십 대 초반이었을 때) 문을 두드리는 사람이 있어 열어보니 두 여성이 성경과 전도지를 들고 있었다. 그들은 자신을 소개한 뒤 내게 성경을 믿느냐고 물었다. 나는 좋은 이야기를 많이 담고 있는 좋은 책이라고 생각한다고 답했다. 그러자 그들은 예수님이 하나님의 아들인 것을 믿느냐고 물었고, 나는 이렇게 대답했다. "글쎄요. 저는 예수님이 좋은 선생님이고 좋은 분이라고는 생각하지만, 그분이 정말로 하나님의 아들이라고는 생각지 않아요."

그들은 다음과 같은 질문을 던져 한 번 더 대답을 하게끔 했다. "예수님에 관해 좀 더 알아보고 싶지 않으세요? 당신에게 전해주고 싶어요." 나는 예수님이 현인 이상이라고는 믿지 않았지만 그들과 논쟁할 준비 또한 되어 있지 않았다. 내게는 시간이 필요했다.

내가 더듬거리다가 찾아낸 말은 이랬다. "지금 당장은 시간이 없어요. 하지만 다음 주에 다시 오시면 얘기할 수 있겠네요." 그들이 다시 온다고 했고, 우리는 인사를 나누었다. 나는 문을 닫고 혼자 생각했다. '저 아줌마들을 이길 준비를 해야겠어. 똑똑히 보여주지.'

나는 서둘러야 했다. 성경에 대해 아는 것이 많지 않기 때문이었다. 구석에 처박아두었던 성경책을 찾아내 벼락치기 공부를 시작했다. 잠들 때까지 밤마다 성경을 읽으면서 예수님에 대해 알아갔다. 마태복음에서 시작해서 눈꺼풀이 감길 때까지 계속 읽었다. 그런 날이 며칠이나 지속되었다.

내가 어디를 읽고 있었는지는 지금 기억하지 못한다. 하지만 읽던 성경책을 별안간 가슴 위에 품고는 빈 방을 바라보며, "오 하나님, 이것이 정말이군요!"라고 말할 때 내 영혼을 파고들었던 그 감동은 여전히 생생하다. 찬송가 "어메이징 그레이스" 가사처럼 그것은 '나 처음 믿은' 그 순간이었다. 힘 있고 살아 있는 하나님의 말씀이 내 영혼을 뚫은 그 순간, 진리가 나를 영원히 사로잡았다. 내 영은 거듭났으며, 그리스도 안에서 새롭게 된 피조물로서 잠이 들었다.

다음 날, 여러 달 동안 내게 완곡하게 간증을 했던 이웃 사람을 찾아갔다. 그분은 내 질문에 답을 하면서 그리스도를 중심에 둔 여성의 모범을 보여주었다. 나는 그분에게 어제 일어났던 일을 얘기했고 그분은 주일에 자신의 교회에 오라고 나를 초청했다. 나는 그분을 따라 교회에 갔고 몇 주 뒤에 성도들 앞에서 그리스도께서 나의 주님이심을 고백했다.

나는 '예수님 알아가기'를 시작하게 한 그 두 여인을 그 뒤로 다시 만나지는 못했다. 하지만 그 역사적 밤을 겪은 다음 나는 완전히 변화되었다. 그저 무한히 감사할 뿐이다.

그래서 예수님을 알아가기 위해 성경을 읽는 것은 내게 특별한 의미가 있다. 나는 여전히 이 방법으로 복음에 접근하곤 한다. 천천히 그리고 한 문단을 깊이 생각하며 읽는다. 그리고 내 머릿속에 그 장면을 그려본다. 예수님이 말씀하실 때 그 얼굴에 어떤 표정을 지으시고 어떤 기분이실지를 상상하려 한다. 그 장면에 나오는 다른 사람들, 제자들이든 바리새인이든 누가 되었든 간에 일단 머릿속에 그려본다. 내가 그 장면에 실제 들어가 있다고 상상하면서, 예수님이 하시는 말씀이 내 마음에 들어와 내 영혼에서 역사할 수 있도록 애쓴다. 때로 읽는 것을 멈추고 내가 배운 것을 말하거나 완전히 이해하지 못한 것에 대해 주님께 질문한다. 이렇게 하나님의 말씀을 배우고 그리스도를 친밀하게 알아가는 방법을 활용한다.

성경의 한 책을 연구하라

성경은 66권의 책을 담고 있다. 각 책에는 하나님에 관한 다양한 진리와 믿음의 사람들의 증언이 가득 담겨 있다. 이로써 성경은 우리가 그리스도 중심의 거룩한 삶을 살 수 있게 해준다. 나는 35년 넘게 하나님의 말씀을 공부하고 있지만 성경이 담고 있는 풍성한 진리에 여전히 감격한다. 성경을 공부하면 할수록 그 교훈들이 서로 복잡하게 연결된 방식에 놀랄 뿐이다. 살아 있는 하나님 말씀의 능력은 성령 안에서 살아 있는 사람들만이 알아차릴 수 있는 또 다른 신비다.

우리는 수많은 자료를 통해 그리스도의 지식과 사랑 안에서 자랄 수 있게 도움 받을 수 있는 축복받은 시대를 살고 있다. 주석과 성경 공부 안내서를 사용하여 성경을 깊이 있게 공부하면 영적으로 부요한 경험을 할 수 있다. 먼저 성경의 어떤 책을 공부할지 결정하자. 성령께 적합한 선택을 할 수 있게 도와달라고 요청하고 영적 눈과 귀를 열어두면 성령의 인도를 받을 것이다. 그리고 가까운 서점에서 성경을 공부하기에 적합한 안내서를 찾아보자.

내 생각에 다니엘 금식 기간 동안에는 다니엘서가 탁월한 선택인 것 같다. 나는 다니엘 선지자와 그 친구들의 성품과 자질, 그리고 그들이 적대적인 이방신의 문화에서 포로 생활을 하면서도 어떻게 수십 년 동안 자신의 신앙을 살아낼 수 있었는지에 초점을 둔다.

또한 당신은 '잠언'을 읽을 수도 있다. 잠언은 31장으로 되어 있어서 날짜에 맞추어 매일 한 장씩 읽으면 좋다. 예컨대 5일이라면 잠언 5장을 읽는 식이다. 쉽고 간단하지 않은가! 거기에 날마다 다섯 편씩 시편을 읽는 습관을 들이는 것도 좋다. 그날의 날짜에 5를 곱하여 나온 숫자의 시편을 읽으라. 예컨대 5일이라면 5에 5를 곱하는 것이다. 그러면 시편 25-29편을 그날의 시편으로 정해 읽으면 된다.

자신의 정체성을 찾으라

그리스도인인 우리는 천국에 갈 것을 믿는다. 하지만 그리스도를 자신의 구주로 고백할지라도 많은 사람이 여전히 삶 속에서 자신이 하나님의 의로운 자녀라는 사실을 깨닫지 못하고 있다. 나 역시 그리스도인으로 살아온 그 오랜 시간 동안 하나님의 자녀로 받아 누려야 할 많은 유익을 놓치고 살았다. 그리스도 안에서 내가 누구인지 제대로 알지 못했기 때문이었다. 나는 내가 그리스도인이며 천국에 가리라는 것을 알았다. 하지만 하나님의 말씀을 공부함으로써 내가 하나님의 진정한 자녀라는 것을 깨닫기 전까지는 불쌍한 사람으로 살았다. 온전한 삶을 가능케 했던 하나님 나라가 내게 있었음에도 불구하고 말이다.

나는 여전히 왕의 후계자로서 온전히 사는 법을 배워가고 있다. 오늘 내 삶은 하나님의 자녀로서, 그리스도와 더불어 공동 상속자로서 온전하고 부요하며 풍성하다. 당신은 어떤가? 자신을 그리스도와 함께한 공동 상속자로 생각하는가? 이 때문에 기쁨으로 가슴이 뛰는가? 아니면 위축된 채, '성경은 그렇다고 말하지만 나는 믿지 않아'라고 생각하는가?

나는 아들을 입양했다. 우리 가족의 일원으로서 누려야 할 완전한 권리를 그 아이에게 주려고 미국 정부로부터 법적인 공식 서류를 발급받았다. 이처럼 하나님의 말씀인 성경은 성령으로 거듭난 모든 사람을 위한 공식 입양 서류가 된다. 로마서 8장 15-17절이 그 이야기다.

> 너희는 다시 무서워하는 종의 영을 받지 아니하고 양자의 영을 받았으므로 우리가 아빠 아버지라고 부르짖느니라 성령이 친히 우리의 영과 더불어 우리가 하나님의 자녀인 것을 증언하시나니 자녀이면 또한 상속자 곧 하나님의 상속자요 그리스도와 함께한 상속자니 우리가 그와 함께 영광을 받기 위하여 고난도 함께 받아야 할 것이니라.

그리스도로 인해 우리는 입양되었다. 그리스도처럼 우리도 익숙하고도 사랑스러운 호칭인 '아빠 아버지'를 부를 수 있다. 우리는 예수님과 공동 상속자다. 이 말을 하려면 복받치는 감정을 억눌러야 한다. 나는 지금도 그러고 있다! 자신이 누구인지에 대한 진리를 놓치지 않는다면, 그리스도로 인해 당신의 자존감 문제는 사라지고 확신이 커지기 시작할 것이다. 자존심의 문제가 아니다. 그리스도께서 당신 안에 살아 계시며 당신이 하나님의 귀중한 자녀라는 결코 흔들리지 않는 확신 말이다. 그것은 사자 굴에 있던 다니엘이 가졌던 것과 같은 하나님에 대한 확신이다.

성경에서 자신의 진정한 정체성을 발견하는 데 도움을 받으려면, 다음과 같은 단어와 구를 포함하는 내용이 신약성경 어디에 나오는지 주석에서 찾아보자.

- 그분 안에서(in Him)
- 그분으로 말미암아(through Him)
- 그분과 함께(with Him)
- 그리스도 안에서(in Christ)
- 그리스도로 말미암아(through Christ)
- 그리스도와 함께(with Christ)
- 예수 안에서(in Jesus)
- 예수로 말미암아(through Jesus)
- 예수와 함께(with Jesus)

이러한 성경 구절을 찾았다면 각각에 대해 생각해보자. 그동안 세상의 신들에 의해 좌우되며, 이 시간까지 싸우고 있는 내면을 돌아보자. 이런 내면의 갈등에 대해 이 단어들이 당신을 설명하고 있다는 것을 스스로 고백하자. 이 과정에서 당신이 찾게 될 수많은 구절 중 몇 개만 예를 들어보겠다.

이와 같이 너희도 너희 자신을 죄에 대하여는 죽은 자요 그리스도 **예수 안에서** 하나님께 대하여는 살아 있는 자로 여길지어다(롬 6:11).

죄의 삯은 사망이요 하나님의 은사는 그리스도 **예수** 우리 주 **안에 있**는 영생이니라(롬 6:23).

그러므로 이제 그리스도 **예수 안에** 있는 자에게는 결코 정죄함이 없나니(롬 8:1).

이는 그리스도 **예수 안에** 있는 생명의 성령의 법이 죄와 사망의 법에서 너를 해방하였음이라(롬 8:2).

그러나 이 모든 일에 우리를 **사랑하시는 이로 말미암아** 우리가 넉넉히 이기느니라(롬 8:37).

내가 확신하노니 사망이나 생명이나 천사들이나 권세자들이나 현재 일이나 장래 일이나 능력이나 높음이나 깊음이나 다른 어떤 피조물이라도 우리를 우리 주 **그리스도 예수 안에** 있는 하나님의 사랑에서 끊을 수 없으리라(롬 8:38-39).

참으면 또한 [그와] **함께 왕 노릇** 할 것이요 우리가 주를 부인하면 주도 우리를 부인하실 것이라(딤후 2:12).

사람에게는 버린 바가 되었으나 하나님께는 택하심을 입은 보배로운 산 돌이신 예수께 나아가 너희도 산 돌같이 신령한 집으로 세워지고 **예수 그리스도로 말미암아** 하나님이 기쁘게 받으실 신령한 제사를 드릴 거룩한 제사장이 될지니라(벧전 2:4-5).

기억하라. 당신의 금식은 영적 훈련이다. 자칫하면 기도와 묵상이 빠진 다이어트에 지나치게 초점을 맞추기 쉽다. 그러니 하나님의 말씀을 지속적으로 먹는 것에 집중할 방법을 찾아 제대로 된 금식 계획을 다시 세워보자. 다니엘 금식을 하는 동안 영적 양분을 공급할 영적인 음식을 계획하는 시간을 즐겁게 가져보자. 예수님이 이르신 말씀을 기억하자. "기록되었으되 사람이 떡으로만 살 것이 아니요 하나님의 입으로부터 나오는 모든 말씀으로 살 것이라 하였느니라"(마 4:4).

먹을 것과 먹지 않을 것을 결정하라

앞에서 보았듯이 금식은 언제나 영적 목적을 위해 음식을 제한하는 것이다. 우리는 금식의 목표를 세워야 한다는 것도 이미 이야기했다. 이제는 당신의 초점을 몸으로 향하게 하고자 한다. 다니엘 금식에서 우리 몸은 대단히 중요하다.

창조주께서 당신을 만드셨다. 현재 자신의 몸에 만족을 하든 못 하든 당신은 두렵고도 경이롭게 지어진 존재다. 당신뿐 아니라 인간의 몸을 포함하여 하나님이 지으신 모든 피조물은 하나님 아버지의 걸작이다. 그분은 모든 것이 합력하여 선을 이루도록 창조하셨다. 그분은 당신 몸의 생명을 유지하는 놀라운 시스템을 설계하셨으며, 우리 몸이 기능하기에 필요한 에너지를 주셨다. 하나님은 우리에게 연료가 될 식재료를 생산하시며, 우리 몸 안에 영양분을 섭취하여 소화하고 분배하는 기관도 만드셨다. 다니엘 금식을 하는 동안 우리는 생명과 선함이 사라진 가공식품은 먹지 않는다. 그 대신 창조주가 우리를 위해 특별히 설계하신 음식을 우리 몸에 공급할 것이다.

다니엘 금식을 계획할 때는 무엇을 먹고 마실지 잘 생각하는 시간을 가져야 한다. 자신의 몸 상태에 대해 생각해보자. 건강한 습관을 선택함으로써 자신을 강화할 훌륭한 기회가 될 것이다.

우리가 음식을 먹으면 우리 몸은 그 음식을 분해하는 소화 효소를 분비한다. 그러면 영양분이 소화 기관을 따라 생명이 살기에 적합하도록 몸의 곳곳에 분배된다. 우리가 음식을 소화할 때마다 우리 몸에 필요한 좋은 영양분뿐 아니라 그 음식에 무임승차하여 들어온 첨가제와 독소도 함께 받아들인다. 하나님은 우리 몸을 놀랍게 설계하셔서 건강에 적합하지 않은 요소는 소화 기관, 간장, 신장 그리고 다른 기관을 통해 걸러지게 하셨다. 이 과정에서 비영양 물질인 소화하고 남은 부산물, 소화되지 않은 음식 찌꺼기에 기생하는 박테리아 및 과잉 영양분들을 처리한다. 우리의 인체 시스템은 유용하지 않은 것을 제거하기 위해 열심히 일한다. 우리 몸에 안 좋은 합성첨가물과 독소가 섞인 음식을 먹고, 과식하거나 음식을 잘 씹지 않고 삼킬 경우, 소화 기관에 과도한 부담을 준다. 누구에게나 소화 기관이 과하게 일할 때의 경험이 있다. 위가 부글부글 끓고 배는 불룩해지고 '내가 왜 이렇게 많이 먹었을까' 싶어 우울해진다. 우리 몸이 관리를 잘해달라고 호소하는 것이다.

사실은 우리 몸이 우리의 관심을 요구하는 비명을 지르기 전에 우리는 이미 상당 기간 남용해왔을 것이다. 처음에는 배가 조금 아프거나 통증이 있거나 약간의 피로를 느끼게 된다. 어쩌면 그 증상을 쉽게 떨쳐내지 못할 수도 있다. 그러한 비명이 계속되다가 결국 우리 몸은 우리가 들을 수 있도록 큰소리를 낸다. 체중계가 깜짝 놀랄 숫자를 보이기 전에 먼저 한두 눈금으로 우리에게 말해준다. 의사는 통역자 역할을 한다. "검사 결과가 나왔습니다. 당뇨가 있으시군요." "관절에 그런 통증이 느껴지는 것은 자가 면역 질환 때문입니다." 바라건대 응급실에서 의료진이 "비키세요!"를 외치며 심장에 전기충격기를 갖다 대는 정도의 경고가 아니기를!

 '아메리카 헬스 트러스트'(Trust for America's Health)는 매년 비만도 및 그와 관련한 정책들을 검토한다. 그에 따르면, 미국 성인 비만도는 경각심을 가져야 할 만큼 급속히 높아지고 있다. 2008년 보고서, "지방에서 F 학점: 미국의 비만 정책이 어떻게 실패하고 있는가"(F as in Fat: How Obesity Policies Are Failing in America)에서 2007년에는 37개 주에서 비만율이 상승했다고 발표했다. 한 주도 예외가 없었다. 비만과 관련하여 건강에 악영향을 주는 것에는 '제2형 당뇨병'이 있다. 이 질병 비율이 26퍼센트나 상승했는데, 미국 보건사회복지부(Department of Health and Human Services)는 비만과 과체중 성인은 매해 690억에서 1,170억 달러의 국가적 비용을 초래한다고 보고했다. 경제적 상황 악화와 더불어 식품비용까지 상승하고 있어 비만에 대해 더욱 심각한 우려를 낳는다. 좋은 식품은 비싸기 때문에 일부 사람들은 그러한 식품에 접근하기가 어렵다. 사실 영양학자들은 미국인들에게서 '불경기 체중 증가'(recession pounds)가 이루어지고 있다고 걱정하면서, 비만과 건강하지 않은 식습관은 저소득과 관련되어 있다고 시사한다.[3]

 하나님이 아름답게 창조하신 몸을 제대로 돌보지 못하는 사람이 너무나 많다. 미국 질병예방통제센터(Centers for Disease Control and Prevention)에 따르면, 당뇨병으로 새롭게 진단받는 비율이 지난 10년에 걸쳐 성인의 경우 90퍼센트나 상승했다. 이와 다른 연구들은 미국 인구의 약 8퍼센트가 당뇨병을 앓고 있으며 주로 제2형 당뇨병이라고 지적한다. 이것은 비만과 앉아서 생활하는 습관이 원인이다. 60세 이상의 4분의 1이 당뇨병을 가지고 있다. 세계보건기구(World Health Organization)는 당뇨병을 전 세계적으로 확산된 질병으로 분류하며, 2030년이 되면 전 세계 당뇨환자 수가 지금의 두 배인 3억 6,600만 명이 될 것이라고 추산한다. 당뇨환자들은 대체로 인슐린 저항성을 보이는데, 인슐린은 몸이 혈당을 에너지로 전환하는 데 사용된다.[4]

미국의 경우, 비만 확산은 성인과 청소년, 아동을 막론하고 건강을 위협한다. 최근 조사에 따르면, 성인 남자의 33퍼센트 이상, 성인 여자의 35퍼센트 이상이 비만이다. 젊은 세대도 예외가 아닌데, 어린이와 청소년의 16퍼센트가 체중계가 비만을 가리키는 길을 착실히 따라가고 있다. 이 비만율은 미국인들의 건강과 직접 관련되어 있기에 우려를 낳고 있다. 비만은 많은 질병에 걸리게 하며 건강을 위협한다. 비만일 경우 다음과 같은 질병이 따른다.

- 관상동맥성심질환
- 제2형 당뇨병
- 암(자궁내막암, 유방암, 대장암)
- 고혈압
- 이상지질혈증(높은 콜레스테롤 수치, 고중성지방 등)

3_ Trust for America's Health, "TFAH Testifies before Congress on America's Obesity Epidemic during Economic Recession," March 26, 2009, http://healthy-americans.org/newsroom/releases/?releaseid=164 (2009년 8월 12일 접속).

4_ World Health Organization, "Diabetes Programme: Facts and Figures," http://www.who.int/diabetes/facts/world-figures/en/ (2009년 9월 28일 접속).

- 뇌졸중
- 간장 질환과 담낭 질환
- 수면무호흡증과 호흡기 질환
- 퇴행성관절염(연골과 주요 골관절의 이상)
- 부인과 질환(비정상적 생리와 불임)

건강에 영향을 미치는 위의 질병들은 우리가 몸을 잘 돌보지 못해 생기는 결과다. 이런 것들은 내가 진행하는 다니엘 금식이 하나님의 자녀들 사이에서 더욱 인기를 얻게 된 시기적절한 이유다. 다니엘 금식은 우리의 모든 자아를 하나님께 내어드리면서 기도와 금식으로 들어가는 기간을 갖는 것이다. 이러한 순종 행위의 상당 부분은 우리 몸에 좋은 음식과 창조주가 우리에게 영양을 주기 위해 설계하신 음식을 먹는 문제의 영역이기도 하다.

소화

이번에는 소화 기관을 살펴보자. 우리가 먹은 음식은 음식을 씹는 입에서 시작하여 식도를 거쳐 위장으로 간다. 위는 음식물이 더 자디잘게 조각으로 나뉘도록 강한 근육으로 이리저리 쳐댄다. 위벽에서 분비된 소화액은 음식을 잘게 부수는 것과 더불어 음식물에 딸려 들어오는 박테리아를 죽이는 것을 돕기도 한다.

그다음에 음식물은 소장으로 가게 되는데, 소장은 성인의 경우 약 7미터의 길고 가는 관으로 되어 있다. 소장은 음식물을 더 작게 부수어서 비타민, 미네랄, 단백질, 탄수화물, 지방을 추출하는 기능을 한다.

그 과정에서 췌장과 신장은 소화액을 분비하는 역할을 한다. 췌장액은 지방과 단백질을 분해하도록 돕는다. 담즙은 간장에서 나온다. 담즙은 지방을 유화하고 음식물에 있는 산을 중화하여 혈류에 흡수될 수 있게 한다. 쓸개(담낭)는 여분의 쓸개즙(담즙)을 보관하는 장소다. 이렇게 보관된 쓸개즙은 처음 간에서 나올 때보다 더 진해져 몸이 필요로 할 때 지방을 분해하는 효과가 강력해진다.

소장은 음식물을 몇 시간이나 머물게 하면서 혈류로 영양분이 지나 갈 수 있게 한다. 영양이 풍부한 혈액은 바로 간장으로 흐르며, 간에서 는 해로운 물질과 폐기물을 걸러낸다. 간장은 어떤 영양소를 신체 곳 곳으로 보낼 것인지, 어떤 영양소를 저장할 것인지를 통제하도록 돕는 다. 예컨대 간장은 일부 비타민과 몸이 필요한 에너지를 내는 당 종류 를 보관한다. 이런 절차를 거치면서도 소화되지 않은 모든 음식물은 대 장으로 보내진다.

대장은 크기가 커서 붙은 이름이다. 하지만 길이는 소장보다 짧아 약 1.5미터밖에 되지 않는다.[5] 우리가 먹은 음식물은 대장과 소장을 합쳐 8.5미터 정도 되는 긴 관을 반드시 통과해야 한다. 소화 과정을 거쳐 폐 기물이 이곳에 이르면 대장, 또는 결장은 수분이나 미네랄을 흡수하여 피로 보낼 수 있는 마지막 기회를 갖는다. 이 단계에서 액체가 거의 제 거되고 남은 물질이 바로 대변이다.

5_ Peter L. Williams and Roger Warwick, eds., *Gray's Anatomy*, 36th British Edition(Edinburgh/New York: C. Livingstone, 1980), 1350.

섬유질

건강 식단에 대해 조금 더 연구하려면 다음 두 가지를 알면 된다. (1) 우리의 몸은 건강을 위해 많은 섬유질을 필요로 한다. (2) 그토록 많은 사람이 다니엘 금식으로 건강이 개선되는 경험을 하는 이유는 다니엘 식단에 포함된 충분한 섬유질 덕분이다.

때로 섬유질은 식이섬유라고도 하는데, 이것은 음식물이 좁고 긴 창자를 통과하도록 밀어내고 물을 흡수하며 배변을 쉽게 한다. 섬유질은 식물에서 추출되며 소화가 되지 않는다. 이것은 주로 과일, 채소, 통곡물, 콩류에서 발견된다. 변비의 예방과 해소에 효능이 있다고 알려져 있다. 섬유질은 당뇨병과 심장병 위험을 낮추는 등 건강의 다른 유익도 제공한다. 섬유질은 음식물이 소화 기관을 빨리 지나도록 돕는 데 필수적인 영양소다.

다음은 환자 중심의 진료로 유명한 메이오 클리닉이 발표한 섬유질에 관한 보고다.

물을 흡수하며 배변을 쉽게 하고, 식물에서 나오는 것으로 소화가 되지 않는다. 섬유질이라고도 하는 식이섬유에는 몸이 소화하거나 흡수하지 못하는 식물성 음식 모두가 포함된다. 지방, 단백질 또는 탄수화물과 같이 잘게 부수어 흡수되는 다른 음식 성분과는 달리 섬유질은 몸에서 소화되지 않는다. 그래서 섬유질은 거의 바뀌지 않은 채 위와 소장을 거쳐 대장으로 간다. 섬유질은 종종 두 개로 분류된다. 불용성 섬유질과 용해성 섬유질이다.

- 불용성 섬유질: 이 섬유질은 물질이 소화 기관을 통과하도록 움직임을 촉진하여 대변을 만든다. 그래서 변비로 고생하는 사람들에게 도움을 준다. 통밀가루, 견과류 그리고 채소류들은 불용성 섬유질의 좋은 공급원이다.
- 용해성 섬유질: 이 섬유질은 물속에서 용해되어 젤 형태의 물질을 이룬다. 혈중 콜레스테롤과 혈당을 낮추는 데 도움을 준다. 귀리, 콩, 완두콩, 사과, 감귤류, 당근, 보리, 실리움(질경이씨)에서 많은 양의 용해성 섬유질을 발견할 수 있다.

두 섬유질의 양은 식물성 음식마다 다르게 함유되어 있다. 건강에 큰 도움을 얻으려면 고섬유질 음식을 다양하게 먹는 것이 좋다.[6]

다니엘 금식 기간 동안 먹을 음식을 계획할 때는 식품에 함유된 섬유질 양을 살펴보자. 당신이 잘 먹는 음식에 섬유질이 얼마나 포함되어 있는지 정확히 알려면 영양 성분표를 꼼꼼히 봐야 한다. 섬유소 권장량은 여성은 하루 21-25그램, 남성은 30-38그램이다. 다음 목록에 나오는 식품은 다니엘 금식을 할 때 먹어도 되는 것들이다.

6_ Mayo Clinic, "Dietary Fiber: An Essential Part of a Healthy Diet," http://www.mayoclinic.com/health/fiber/NU00033.

식품의 섬유질 함유량[7]

과일	기준량	총 섬유질(g)
라즈베리	1컵	8.0
껍질째 먹는 배	중간 크기 1개	5.1
껍질째 먹는 사과	중간 크기 1개	4.4
말린 무화과	중간 크기 2개	3.7
블루베리	1컵	3.5
딸기	1컵	3.3
바나나	중간 크기 1개	3.1
오렌지	중간 크기 1개	3.1
건포도	1.5온스(약 42그램)	1.6
통곡물, 시리얼, 파스타	**기준량**	**총 섬유질(g)**
삶은 통밀 스파게티	1컵	6.3
삶은 보리	1컵	6.0
밀겨 플레이크	3/4컵	5.1
오트밀	1컵	4.0
옥수수 뻥튀기	3컵	3.6
현미밥	1컵	3.5
이스트를 넣지 않은 통밀 빵 또는 곡물 빵	1조각	1.9

7_ 섬유질 함유량은 식품의 크기와 종류에 따라 다를 수 있다.
http://www.mayoclinic.com/health/high-fiber-foods/NU00582

콩류, 견과류, 씨앗류	기준량	총 섬유질(g)
삶은 완두콩	1컵	16.3
삶은 렌틸콩	1컵	15.6
삶은 검은콩	1컵	15.0
삶은 리마콩	1컵	13.2
껍질 깐 해바라기씨	1/4컵	3.6
아몬드	1온스(22개)	3.3
피스타치오	1온스(49개)	2.9
피칸	1온스(19개)	2.7

채소	기준량	총 섬유질(g)
데친 아티초크	중간 크기 1개	10.3
데친 깍지완두	1컵	8.8
데친 브로콜리	1컵	5.1
데친 순무 잎	1컵	5.0
삶은 옥수수	1컵	4.6
데친 방울양배추	1컵	4.1
껍질째 구운 감자	중간 크기 1개	4.0
토마토 페이스트	1/4컵	2.7
생당근	중간 크기 1개	1.7

단백질

미국인은 대체로 단백질이 매우 풍부한 식사를 한다. 대부분 필요 이상으로 고기와 유제품을 끼니마다 먹는다. 그러나 다니엘 금식에서는 육류와 유제품을 허용하지 않는다. 그러므로 우리는 단백질을 공급할 대체 식품을 찾아야 한다.

미국 식품의약국(FDA)에 따르면, 성인은 하루 평균 약 50그램(4세 이상의 어린이와 성인의 하루 권장 열량인 2,000칼로리를 기준으로)의 단백질을 섭취해야 한다. 하지만 의료 전문가들은 이에 의견을 달리하여 우리가 지나치게 많은 단백질을 섭취하고 있다고 한다.

6온스의 스테이크(170그램)는 단백질 약 38그램을 포함하는 훌륭한 단백질 공급원이다. 하지만 44그램의 지방도 포함하고 있는데, 그중 16그램은 포화지방이다. 일일 포화지방 권장 섭취량의 약 4분의 3에 해당한다. 같은 양의 연어라면 단백질 34그램을 제공할 때 지방은 18그램이고 그중 포화지방이 4그램이다. 삶은 렌틸콩 한 컵에는 18그램의 단백질이 들어 있지만 지방 함유량은 1그램도 되지 않는다. 그러니 다니엘 금식을 하는 사람들이 대체로 4.5-11킬로그램을 빼는 것은 놀랄 일도 아니다. 다니엘 금식은 극저지방 다이어트인 셈이다!

그러므로 단백질이 풍부한 식품을 선택할 때는 단백질과 함께 섭취하게 되는 것이 무엇인지 관심을 둬야 한다. 단백질 공급원인 콩류, 견과류, 통곡물, 두부와 대두 등을 섭취하는 것은 탁월한 선택이며, 이러한 식품들은 몸에 좋은 섬유질과 비타민 그리고 미네랄도 제공한다.

물

다니엘서 1장에서 우리는 다니엘과 그 친구들이 물만 마셨다는 이야기를 읽었다. 다니엘 금식에서 누구나 잘 아는 H_2O만 음료로 허용하는 이유다. (나를 포함하여) 많은 사람이 다니엘 금식을 할 때 가장 어려워하는 부분이 바로 이 문제다. 40년 넘게 아침마다 자바 커피를 즐겨온 사람이, 다니엘 금식 기간 동안 다크로스트한 스타벅스 유기농 커피 원두를 바로 갈아 내려 뜨거운 김이 모락모락 피어오르는 커피를 포기하기란 여간 힘든 일이 아니다. 물론 참아냈지만 모닝커피가 정말로 간절하다는 것을 고백한다.

차와 다른 음료를 포기하기가 어려운 사람들도 있다. 콜라와 같은 탄산음료에 중독된 것 같다고 고백하는 사람들도 있었다. 그런 사람들에게는 다니엘 금식의 물에 대해서 다시 한 번 소개해준다. 게다가 다니엘 금식 기간에는 차도 허용되지 않는다는 말을 몇 번이나 설명해야 하는지 모른다. 사람들은 공통적으로 이렇게 항의한다. "다니엘 금식 기간 동안 채식을 한다면서요? 허브도 식물인데 왜 허브차는 안 된다는 거죠? 물에 넣었을 뿐인데." 차나 레몬에이드로 선을 넘어가지 않는다면, 물에 소량의 레몬 주스나 민트 혹은 얇게 저민 레몬이나 오이를 넣어 마시는 것은 괜찮다.

내가 늘 하는 답변은 이렇다. "힘드신 거 압니다. 하지만 차는 물이 아니죠. 차는 차일 뿐입니다. 다니엘 금식에서 허용하는 유일한 음료는 물입니다. 1장을 보세요."

그들이 느끼는 고통을 나 역시 느낀다. 그렇지만 여전히 물만 마시도록 나 자신을 몰아붙인다. 내가 그렇게 하는 이유는 그것이 내 몸에 좋다는 확신이 있기 때문이다. 신체적인 필요를 채우기 위한 적정량의 물을 마시는 것이 우리 자신을 잘 돌보는 일이다. 물은 우리 몸에서 가장 필요로 하는 화학적 요소이며 우리 몸의 60퍼센트를 차지한다. 당신 몸의 모든 기관이 물에 의존한다. 물은 중요한 장기에서 독소를 배출한다. 물은 세포에 영양분을 실어 나르고 귀, 코, 목에 있는 세포막이 촉촉하게끔 환경을 만들어준다.[8]

물을 충분히 마시지 않으면 탈수 상태가 되어 우리 신체는 정상적인 기능을 수행하지 못하게 된다. 탈수가 되면 에너지가 고갈되고 피곤을 느낀다. 게다가 사람들은 뇌가 보내는 탈수 메시지를 배고프다는 신호로 자주 잘못 받아들인다. 신선한 물 한 잔이면 될 때도 뭔가 다른 음식을 먹는다.

하나님의 성전인 몸을 어떻게 관리할 것인가

우리가 입에 넣을 음식을 잘 선택해야 하는 이유는 간단하다. 우리에게는 건강하고 에너지가 충만하게 살도록 완벽히 설계된 신체 체계가 있다. 우리는 그 체계에 잘 협력할 수도 그렇지 못할 수도 있다.

다니엘 금식을 하면서 나는 하나님이 우리에게 맡기신 성전을 바르게 관리하는 방법을 알게 되었다. 다니엘 금식을 계획할 때는 자신의 몸이 지금 성령에 좌우되는지, 육에 조정당하는지 잘 살펴야 한다. 육에 조정당하는 영혼은 건강치 못한 간식거리를 먹고, 과식이나 폭식을 해댄다. 하나님의 자녀 된 우리를 위한 그분의 계획은 우리가 하나님 나

8_ Mayo Clinic, "Water: How Much Should You Drink Every Day?" http://www.mayoclinic.com/health/water/nu00283 (2009년 5월 25일 접속).

라의 삶을 사는 것이다. 아프거나 고장 나거나 무기력한 삶이 아니다.

하나님의 말씀은 분명하다. 우리가 건강을 유지하고 건강하게 모든 날을 승리하며 살기 바라신다. 요한3서 1장 2절은 이렇게 말한다. "사랑하는 자여 네 영혼이 잘됨같이 네가 범사에 잘되고 강건하기를 내가 간구하노라." 그리고 예레미야 29장 11절에는 이런 말씀이 있다. "여호와의 말씀이니라 너희를 향한 나의 생각을 내가 아나니 평안이요 재앙이 아니니라 너희에게 미래와 희망을 주는 것이니라."

우리가 어떻게 미래에 승리를 할 수 있을까? 우리가 위대해서가 아니라 우리 안에 계신 그리스도께는 불가능이 없기 때문이다. 예수님은 말씀하신다. "이것을 너희에게 이르는 것은 너희로 내 안에서 평안을 누리게 하려 함이라 세상에서는 너희가 환난을 당하나 담대하라 내가 세상을 이기었노라"(요 16:33). 그렇다. 그분 안에서 우리는 평안을 누릴 수 있으며, 거기에는 어떤 부족함도 깨어짐도 없다. 하지만 그렇게 되기 위해 우리가 협조해야 할 일이 있다. 어떤 삶을 살 것인지는 우리의 선택에 달렸다.

아래에 적은 강력한 진리의 말씀을 읽어보자.

> 너희 몸은 너희가 하나님께로부터 받은 바 너희 가운데 계신 성령의 전인 줄을 알지 못하느냐 너희는 너희 자신의 것이 아니라 값으로 산 것이 되었으니 그런즉 너희 몸으로 하나님께 영광을 돌리라(고전 6:19-20).

다니엘 금식은 1년이라는 시간 전체에서 보면 그리 긴 기간이 아니다. 하나님이 금식을 만드신 것은 그 자녀가 그분께 더 가까이 갈 수 있게 하기 위해서다. 하나님은 정말로 우리와 가까이 계시기를 원한다. 다니엘 금식은 진정 자신의 혼을 먹이고 영을 강건케 하고 몸을 새롭게 할 수 있는 기회다.

금식 준비: 식품 피라미드를 기억하라

우리가 건강과 영양에 관해 배울수록 우리 신체에 가장 좋은 먹거리가 무엇인지, 무엇을 먹어서는 안 되는지 잘 알게 된다. 금식을 준비하면서 첫 주 식사를 계획할 때 다음에 나오는 식품 피라미드를 알고 있으면 현명하게 선택할 수 있다. 이 식품 피라미드는 일시적인 부분 금식을 위해 구성한 것이다. 자신의 식단이나 운동 습관에 많은 변화가 필요하다고 생각되면 의료 전문가와 상의하는 것이 좋다.

자신이 무엇을 먹을지는 미리 정해두어야 한다. 요즘 나오는 즉석식품 중에는 고도로 정제된 재료, 화학첨가물, 가당제를 사용하는 제품이 너무도 많기 때문에 미리 선택해놓지 않으면 매끼를 새롭게 만들어야 할 수도 있다. 음식 준비에 익숙하지 않은 사람이라면 이 지점에서 당황스러워하며 이렇게 생각할 수도 있겠다. '이런 식사를 만들어 먹으면서 어떻게 직장에 다니고 가족을 돌보고 하나님을 위한 시간을 낼 수 있을까?' 그 막막한 심정, 나도 이해한다. 특별히 자신의 시간과 관심을 필요로 하는 온갖 요구들 사이에서 이리 뛰고 저리 뛰며 최선을 다하려는 엄마들을 이해한다. 그래도 다니엘 금식이 요청하는 대로 행하면 자신에게도 좋은 경험이 될 뿐만 아니라 가족에게도 좋은 식습관을 길러줄 것이다. 게다가 금식 기간이 끝난 뒤에도 당신을 도와줄 좋은 습관

다니엘 금식 식품 피라미드

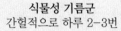

식물성 기름군
간헐적으로 하루 2-3번

유제품 대체군
적당량으로 하루 2-3번

콩, 대두, 씨앗, 견과류군
적당량으로 하루 2-3번

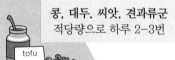

통곡물군
풍성하게 6-10번

채소군
자유롭게 3-5번

과일군
자유롭게 2-4번

날마다 물 8-10컵

날마다 운동 30-60분

날마다 일광욕 10분 정도

섭취량

식물성 기름군	유제품 대체군	콩, 대두, 씨앗, 견과류군	통곡물군	채소군	과일군
식물성 기름 1큰술 (올리브유나 카놀라유 등의 식물성 기름) 샐러드드레싱 1큰술	두유나 쌀유나 아몬드유 1컵	말린 콩, 완두콩, 렌틸콩 1/2컵 두부 1/2컵 땅콩버터 2큰술 땅콩 1/4컵	무발효빵 1개 드라이 시리얼 1컵 통곡물 시리얼 1/2컵 (오트밀, 뮤즐리, 밀 플레이크) 밥 반 공기 통밀 파스타 1/2컵 통곡물 과자 3-4개	익히지 않은 잎채소 또는 샐러드 1컵 얇게 자른 생채소 1/2컵 익힌 채소 1/2컵	사과, 바나나, 오렌지 중 1개 베리류 1컵 신선 과일 썰어서 1컵 건과일 3/4컵

과 체계를 개발할 수 있다.

나는 여러 해 동안 기독교 기관들의 자문위원으로 활동해왔다. 내가 제안하는 사업 원칙은 '자신의 일을 위해 계획하고, 그 계획을 위해 일하라'는 것이다. 그 원칙은 가정에도 적용되는데, 특히 식사 준비에 관해서 더욱 도움이 된다. 금식 시작 전 준비에 쏟은 작은 투자는 커다란 유익을 낳는다.

다니엘 금식을 위한 먹거리 선택을 쉽게 하려면 다음에 제시한 구체적인 원칙을 꼭 명심해야 한다. 다니엘 금식은 무가당, 무발효, 인공화학첨가물이나 정제식품을 포함하지 않는 '채식' 식사를 원칙으로 한다.

더 자세한 내용은 6장(115쪽)을 참고하라.

'자신의 일을 위해 계획하고, 그 계획을 위해 일하라'는 원칙은 다음과 같은 간단한 단계를 따르면 쉽게 실천할 수 있다.

1. 다음 주 쇼핑 목록을 만들 때 메뉴도 함께 생각하라.

다니엘 금식 조리법을 사용하여 매일 식사 메뉴를 계획하고 집에 있는 재료를 확인한다. 없는 재료는 어떻게 구매할지 생각하고 인터넷에서 쿠폰이나 할인권 등을 내려받는다. 어떤 회사는 동네 슈퍼마켓에서 사용할 수 있는 자사 제품 할인권을 웹사이트에 올려놓기도 한다. 이제 장볼 준비가 되었다. 달력에 적어둔 약속 및 학교 또는 직장에서의 점심 메뉴를 살펴보고 그 주 메뉴를 계획할 때 미리 준비해야 할 것이 있는지 확인한다. 일주일 먹을 분량만 사도록 한다.

2. 재료 손질과 식사 준비를 미리 해둔다.

장보기를 마친 다음에는 재료를 씻고 자르고 다져 한 주 동안 몇 분 내로 샐러드를 만들 수 있도록 샐러드용 채소들을 손질해놓는다. 냉장 보관용 용기나 비닐팩에 손질한 채소들을 따로 담아둔다. 또한 하루에 먹어야 하는 여러 끼를 준비해둔다. 다음 주를 위해 재료를 두 배로 준비했다면 반은 냉동 보관하는 것도 생각해보라.

3. 점심을 준비한다.

도시락을 쌀 때는 한 끼 점심으로 계량컵 두 컵 분량의 진한 스프나 스튜를 준비한다. 도시락 용기나 지퍼팩을 닫을 때는 공기를 모두 빼도록 한다. 효과적으로 보관하려면 냉동실에 차곡차곡 넣되 내용물을 만든 날짜를 반드시 기입한다. 얼린 스프를 학교나 직장에 가지고 가면 점심시간 즈음에는 녹을 테니 전자레인지에 데워 먹으면 된다. 또 견과류, 건과일, 채소 등을 담아갈 작은 통도 준비하라. 점심으로 스프와 함께 과일 한 조각을 먹으면 영양가도 있고 다니엘 금식에도 적합한 식사다.

4. 아침은 간단히 먹는다.

아침으로 따뜻한 시리얼을 먹으려면 견과류, 건포도 및 다른 건과일을 각각의 용기에 담아 준비해놓아야 한다. 아침에 따뜻하게 준비한 시리얼에 미리 준비한 견과류 등을 원하는 만큼 넣어 먹으면 된다. 썬 과일을 함께 내놓으려면 전날 저녁 식사를 준비할 때나 설거지할 때 미리 준비해둔다.

5. 인도식 난과 같은 플랫브레드나 콩 등은 미리 만들어둔다.

음식을 준비하는 날은 플랫브레드나 구운 크래커, 칩 등을 만들기에도 좋은 시간이다. 각각의 조리법을 참고하여 대량으로 만든 다음, 공기가 들어가지 않도록 잘 보관했다가 일주일 내내 이용한다. 또 요리에 들어가는 밥이나 삶은 콩 등도 충분히 준비해놓는다.

한 주에 하루씩 음식을 계획하고 준비하는 날을 확보한다면 단지 몇 분 만에 영양가 많고 화려한 색감의 음식을 식탁에 올릴 수 있다. 게다가 먹을 만큼 한 번에 구매하게 되니 돈도 절약되고 남아서 버리는 음식도 줄일 수 있다. 음식 준비 시간에 설교나 찬양을 들으면서 영혼을 먹이거나, 다림질 혹은 다른 집안일을 한다면 한 주일이 더 부드럽게 흘러갈 것이다.

세심하게 준비한다면 음식 준비 과정을 즐기면서도 한 번에 여러 끼의 식사를 마련할 수 있다. 그러면 그 주를 지나면서 자신의 노동에 대한 보상을 경험하게 될 것이고, 짜증나고 우울했던 일들에서 자유로워질 수 있다. 한번 해보라. 다니엘 금식을 성공적으로 즐기려면 자신의 일을 계획하고 계획을 성취하기 위해 일하라.

다니엘 금식을 시작하기 여러 날 전부터 카페인이나 설탕, 인공첨가물 그리고 가공식품 섭취를 줄이라. 동시에 매일 1.8리터 이상의 물을 마시도록 물 섭취량을 늘려가라.

실행: 시작이 반이다

이 단계가 가장 중요하다. 당신은 다니엘 금식의 문턱을 넘어 기도와 금식의 삶으로 들어섰다. 지금쯤이면 준비가 잘되어 있을 것이다. 금식하며 기도하는 것에 기대를 갖고 각 지침들을 존중하며 자제력을 발휘하겠다는 각오를 다지고 있을 것이다.

이제 금식의 과정을 잘 기록해보자. 먹은 음식과 이 건강한 식사에 몸이 어떻게 반응하는지 잘 적어두면 분명 도움이 될 것이다.

이 책에는 21일간의 다니엘 금식을 위한 묵상(2부를 활용하라)이 수록되어 있다. 다니엘 금식 기간 동안 유용하게 활용할 수 있을 것이다. 아울러 www.Daniel-Fast.com에 방문하여 메일 주소를 입력하면, 정기적으로 업데이트 되는 내용과 동기부여에 도움이 되는 글들은 물론 다양한 조리법과 간증들을 받을 수 있다. 사이트에 들어와서 다른 사람들이 어떻게 금식하고 있는지 살펴보고 당신의 경험도 남겨보자. 전 세계에 있는 다니엘 금식 공동체는 서로에게 힘이 된다. 우리 공동체의 일원이 되기를 진심으로 바란다.

금식하는 첫 며칠 동안 많은 사람이 피로, 두통, 허리통증, 다리에 쥐가 나는 경험을 한다. 건강에 좋은 음식을 먹을 때 나타나는 해독 과정의 흔한 증상이다. 정수된 물을 마시면 이러한 증세를 확실히 줄일 수 있다.

물은 식욕과 허기를 달래는 데 도움이 된다. 나는 정수된 물 1.8리터를 물통에 담아놓고 매일 아침 일어나면 제일 먼저 물 한 컵을 가득 채워 마신다. 내 몸이 하루 동안 필요로 하는 물의 25퍼센트를 마시는 셈이다. 또 매끼 식사 전에 물을 한 컵씩 마시려 노력한다. 이렇게 하면 탈수는 물론 과식도 막아준다. 물론 나는 집에서 일하기 때문에 관리가 비교적 쉽다. 당신도 당신에게 잘 맞는 방법을 찾을 수 있을 것이다. 아침에 물 한 컵을 마시고, 직장에서 두 컵 이상, 돌아와서 한 컵을 마시는 것도 좋은 방법이다.

얇게 저민 레몬이나 오이, 또는 신선한 민트 잎 한 개를 물에 넣어 향을 더할 수도 있다. 나는 특히 레몬을 좋아하는데 입안에 청량감을 주기 때문이다. 하지만 물은 물로 마셔야 하므로, 금식법을 어기고 차나 레몬에이드 등으로 넘어가지 않도록 각별히 조심해야 한다.

성령을 의지하는 법을 배우라

어떤 음식물은 먹어도 되고 어떤 음식물은 피해야 하는지 판단을 내릴 때, 그 기준이 모호하다고 느낄 수도 있다. 예컨대 이런 것들이다. 다니엘 금식에서는 포도주를 금하는데, 그러면 샐러드드레싱에 쓰이는 포도주 식초는 괜찮은가? 물만 마시라고 되어 있는데, 아침 식사 때 과일 스무디를 먹는 것은? 다니엘이 살던 시대 훨씬 이후에 알려진 사과 같은 과일을 먹는 것은? (자주 하는 질문과 답은 254쪽에 실려 있다.)

2007년 '다니엘 금식' 블로그를 시작한 이후 이와 유사한 질문에 계속 답을 해오고 있다. 다니엘 금식은 성경에서 참고할 만한 내용 몇 가지에 토대를 두고 있다. 지침이 명확하지 않은 어떤 것을 놓고 고민하고 있다면, 성령의 의견을 구하라. 그분의 잠잠한 목소리를 들으려면 영적 귀를 열라. 그러면 성령이 당신을 안내할 것이다. 성령께 질문을 가지고 갈 때마다 그분은 언제나 신실하게 내 결정을 도와주셨다.

여러 해 전의 일이다. 금식 중이었는데, 내가 구할 수 있는 유일한 두유에 유기농 사탕수수 주스가 소량 포함되어 있었다. 그것도 일종의 설탕이지만 조리에 필요해서 그 두유를 아주 조금 넣을까 말까 고민하고 있었다. 하지만 설탕이 섞여 있다는 사실에 머뭇거려졌다. 이런 식의 변명도 가능했을 것이다. '이건 아주 소량이야. 기왕에 있는 두유인데 그냥 버리는 것은 아깝잖아.'

고민하다가 성령께 의견을 구하자 그분이 잠잠한 목소리로 그 두유를 포기하고 다른 대안을 찾으라고 말씀하신다는 확신이 들었다. 이런 조건에서도 엄격하게 하는 것이 분별력과 판단력을 기르는 데 도움이 될 것이라고 말씀하시는 듯했다. 그래서 나는 그 두유를 사용하지 않고 금식하지 않는 친구에게 주었다. 지금은 무가당 두유를 사서 조리할 때 사용하고 있다.

각자에게 맞는 금식법으로

자신의 생각대로 금식하지 않는 배우자에게 화를 내고 좌절한 부부, 그중에서도 대체로 아내들에게서 메일이 많이 온다. 그런 배우자는 금식의 규칙보다 자신이 좋아하는 방식으로 금식법을 변경하려 한다. 어떤 부부는 먹어도 되는 음식에 관한 서로 다른 의견을 내가 정리해주길 바라는 메일을 보내기도 한다. 금식에 대해 구체적인 질문을 한다면 답을 주려고 노력할 테지만, 중재 역할은 하고 싶지 않다. 대부분의 부부는 배우자를 사랑하는 마음으로 금식을 잘할 수 있도록 서로 격려할 수 있다. 아울러 우리는 금식에 대한 책임이 각자에게 있다는 점도 기억해야 한다. 다른 사람이 아닌 자신의 금식에 초점을 두는 것이 가장 좋다.

이 일이 어려운 것은 나도 안다. 하지만 이런 경험은 또 다른 인생 교훈이 된다. 우리가 틀렸다고 생각하는 방식으로 행동하는 사람들을 볼 때 우리는 어떻게 반응해야 하나? 그들의 잘못을 재빨리 지적하는 것이 옳은 방법일까? 자신이 옳다고 생각하는 방법대로 사람들이 움직이지 않으면 화부터 내지 않는가? 친구들에게 전화하여 이러쿵저러쿵 지시를 내리지 않는가?

'만약' 성령이 그렇게 하라고 지시하신다면, 사람들이 모르고 저지르는 실수에 대해 부드러운 사랑의 방식으로 무엇이 잘못인지 보여줌으로써 그를 도울 수 있다. 하지만 내가 하나님의 사자가 되기를 그분이 원하신다는 확신이 들지 않는 한, 우리가 할 수 있는 최선의 행동은 기도하며 상대방이 잘할 수 있는 부분을 지원하고, 연약한 부분은 스스로 이겨낼 수 있게 돕는 것임을 알게 되었다.

이러한 문제에 부딪혔다면, 이 기회를 당신의 인간관계와 대인관계를 위한 교훈의 때로 삼아야 한다. 성령의 인도하심을 구하고 하나님이 하시는 말씀이 무엇인지 깨닫도록 성경을 공부해야 한다. 자신의 금식법에 초점을 두고 기도와 금식 훈련을 통해 그리스도의 방식대로 자신이 성장하는 긍정적인 증인이 되기를 구해야 한다.

멈춰야 할 때를 알라

금식을 멈추고 잠시 쉬어야 할 때가 있을까? 그렇다. 예컨대 건강에 심각한 문제가 생기는 예기치 못한 응급 상황이 발생하기도 한다. 그런 때 금식을 강행하는 것은 좋은 선택이 아니다.

딸이 비극적인 교통사고로 사망한 어느 어머니에게서 메일을 받은 적이 있다. 그럴 때는 금식을 중단하고 온 가족이 그 엄중한 사태에 집중하는 것이 옳다.

때로 금식을 중단해야 하는 다른 일이 생기기도 한다. 내 경우에도 24시간 동안 다니엘 금식을 '중단'해야 했던 때가 있었다. 내가 사는 집과 아들 부부의 집은 수백 킬로미터나 떨어져 있다. 내가 에티오피아에서 아들을 입양할 때 아이는 겨우 일곱 살이었다. 아들이 청년이 되어 일 년 동안 에티오피아로 돌아가 있으면서 사랑스러운 아내를 만나 결혼했다. 그들은 시애틀의 에티오피아 마을에 정착했다. 하루는 시애틀에 있는 아들 집을 방문했다. 금식 중이었지만 그다지 걱정은 하지 않았다. 에티오피아 음식은 대체로 다니엘 금식 식단에 적합한 것들이다. 그곳에서는 샐러드와 밥을 먹고 물을 마시는 것으로 충분했다. 그래서 별다른 준비가 필요하지 않다고 생각했다. 한동안 아들 부부를 만나지 못한 터라 아들에게 가는 것에만 들떠 있었다.

상황 설명을 조금 더 해보자. 에티오피아 공동체는 부모와 연장자에 대한 존경을 강조한다. 자녀와 청년들은 항상 부모님이나 연장자를 섬긴다. 나 또한 그와 유사한 가치관으로 성장했지만 에티오피아의 효심은 그들의 문화 및 삶의 방식과 사고에 깊이 뿌리 내려 있다.

아들 부부가 사는 아파트에 도착하니 이미 저녁 늦은 시간이었다. 집에 들어서자 집 안에 맛있는 에티오피아 음식 냄새가 진동을 했다. 며느리의 요리솜씨도 훌륭한 데다가 나는 에티오피아 음식을 좋아했다. 향신료가 들어간 토마토 소스는 다니엘 금식 식단에도 맞았다. 무발효 에티오피아 빵 인제라도 먹을 수 있었는데 그 빵은 플랫브레드의 일종이다. 에티오피아에서 이 빵은 육류나 닭고기, 채소로 된 스튜를 떠먹는 기구로도 쓰인다. 또한 스튜를 담아두는 접시로 쓰기도 하는데, 식사가 진행되는 동안 인제라는 스튜의 수분을 머금는다. 먹을 수 있는 식기인 인제라를 먹는 것으로 식사가 끝난다.

저녁을 먹으려고 우리 모두 식탁에 둘러앉았다. 며느리가 인제라와 완두콩 스튜, 익힌 채소와 함께 접시 하나를 내왔다.

"어머니, 어머니를 위해 준비한 특별 요리예요." 향긋한 에티오피아 소스와 양고기가 가득 담겨 김이 모락모락 나고 있었다.

나는 즉시 판단해야 했다. 이 음식을 거부해야 하나, 아니면 며느리의 정성을 받아들여야 하나? 잠시 성령의 인도하심을 구하는 기도를 드린 다음, 그분의 뜻을 깨달아 그 정성을 받아들이기로 하고 음식을 먹었다. 사랑이 내 금식을 이겼지만 나는 그 순간 평강을 누렸다.

그날 저녁 며느리는 에티오피아 전통 커피를 대접했는데, 그 또한 받는 사람에 대한 존경과 우정을 표현하는 행위였다. 커피는 9세기 에티오피아에서 발견되었는데, 에티오피아 전통에 깊이 뿌리 내려 음료의 중심 역할을 하고 있다. 에티오피아에서 커피 대접은 상당히 큰 의미가 있다. 내게 커피를 대접하고 싶어 하는 며느리에게서 나를 존중하고 있다는 느낌을 받았다. 적은 양이었지만 강하고 달콤했다. 나는 한 잔을 받았다. (대개는 세 잔을 마신다.) 그 결정에 대해서도 평화로웠다. 다음 날 아침, 신선한 과일을 즐겁게 먹고 집으로 돌아왔다. 그리고 남은 기간 동안 다시 다니엘 금식을 이어갔다.

금식하는 동안 당신도 이런 유사한 딜레마에 부딪힐 수 있다. 이때 핵심은 자신의 마음을 확인하고 '멈춤 버튼'을 누르는 이유가 당신 영혼에서 와야지, 음식을 향한 욕구에 패배해 물러서면 안 된다는 것이다. 나는 대체로 그런 상황을 피할 수 있다. 금식을 해온 그 오랜 세월 동안 금식을 중단한 경우는 매우 드물었다. 그럼에도 내가 이 예를 들려주는 것은 예기치 못한 상황이 발생하거나 사랑과 존경 또는 다른 우정의 행위에 양보하고 나서 지나치게 자책하지 않게 하기 위해서다.

말을 꺼낸 김에 더 하자면, 친구들이 식사 초대를 하면 나는 다니엘 금식을 하고 있다고 말하고, 나를 위해 특별 요리를 하거나 메뉴를 바꿀 필요는 없다고 설명한다. 그리고 정말 채소 샐러드와 물로 만족한다고 분명히 전한다. 그렇게 해도 괜찮다면 기쁘게 식사 자리에 참여할 것이다.

다니엘 금식을 끝낼 때도 주의하라

장기간 금식을 했다면 끝낼 때는 주의해서 일반식으로 들어가야 한다. 그동안 몸에 좋은 음식을 먹으면서 최적의 수준으로 소화 기관이 작동했다는 점을 염두에 두라. 아울러 그동안 가공식품과 소화하기 어려운 동물성 단백질, 카페인, 설탕을 먹지 않았다는 점도 기억하라.

일반식으로 들어가면서 다니엘 금식 기간 동안 거부해왔던 음식을 마음껏 먹고 싶은 유혹이 강해질 것이다. 하지만 먹고 싶은 대로 먹으면, 위경련이나 더부룩함, 속쓰림 같은 거부반응이 일어날 가능성이 아주 높다. 일반식으로 옮겨가는 속도를 늦추어 음식물을 받아들인다면 몸은 훨씬 좋아할 것이다.

하나님을 찬양하라, 그리고 유지하라

다니엘 금식을 끝내면 자신의 경험을 정리해보고 싶을 것이다. 무엇을 배웠는가? 앞으로 지속해서 유지하고 싶은 습관은?

나는 금식의 놀라운 유익에 관해 전 세계 많은 사람에게서 간증을 듣고 있다. 그들이 가장 자주 언급하는 두 가지가 있다. 하나는 더 깊고 친밀한 하나님과의 관계를 발견하게 되었다는 것이다. 그들은 날마다 하나님 아버지를 만나고 하나님의 말씀을 공부하는 습관을 개발했다. 삶의 모든 일을 기도로 주님께 가져갔을 때, 수많은 응답을 받았다고 했다. 둘째, 다니엘 금식은 질병이나 비만으로 고생하는 사람에게 상당한 의미가 있었다. 한 번도 다이어트에 성공하지 못했던 사람들이 다니엘 금식으로 인해 건강한 삶의 방식을 알게 되었다고 메시지를 보내올 때의 그 기쁨은 말로 다 표현할 수 없다. 많은 사람이 영양 많고 균형 잡힌 건강한 식단을 통해 그동안 복용하던 약을 전부 혹은 일부 끊을 수 있었다고 한다. 그들의 담당 의사도 그러한 변화를 보고 기뻐했다고 한다. (하지만 건강상의 문제가 있을 때는 반드시 의료진의 지시에 따라야 한다는 것을 꼭 기억하라.)

금식을 마쳤다면, 자신의 식습관을 바꿀 수 있음을 스스로에게 증명한 셈이다. 다니엘 금식이 자신의 일상적 식단이 되도록 식습관을 장기적으로 바꿀 계획을 하지 않을 이유가 있을까? 일주일에 몇 번을 채소식으로 해보자. 설탕을 대신해 꿀, 스테비아(설탕허브), 아가베시럽 등을 사용하고, 정제된 곡물 대신 통곡물을 먹는 것을 고려해보자. 적어도 매일 1.8리터의 물을 마심으로써 탈수에서 몸을 지키고 먹는 양도 조절해보자.

시간을 조금 내어 '금식 전후'를 비교해보자. 금식 기간 동안 많이 힘들었다면 자신과의 대화를 통해 당신이 희망하던 대로 되지 않았던 진짜 이유를 찾도록 해보자.

이번 금식의 성공 여부와 상관없이 다음 금식에서 더 나은 경험을 할 수 있으려면 무엇을 해야 할까? 이것들은 모두 스스로 답해야 하는 중요한 질문들이다. 내용을 적어서 모아두거나 이 책 뒷부분에 적어 다음 금식에 활용할 수도 있을 것이다.

잠깐 시간을 내어 이 경험으로 하나님이 당신에게 가르쳐주신 교훈을 생각해보자. 하나님께 감사하는 내용을 적고, 그것들로 주님께 찬양 드림으로써 그분을 복되게 하자.

성경은 이렇게 말한다. "우리가 다 수건을 벗은 얼굴로 거울을 보는 것같이 주의 영광을 보매 그와 같은 형상으로 변화하여 영광에서 영광에 이르니 곧 주의 영으로 말미암음이니라"(고후 3:18).

금식 기간 동안 당신은 성령 안에 거하면서 믿음으로 사는 능력 있는 교훈을 배웠다. 일상생활로 돌아갈 때, 다니엘 금식을 통해 당신이 배운 그 교훈이 '새로운 일상'이 되어 영적 각성이 일어나고, 기도와 말씀 공부에 지속적으로 시간을 사용하며, 건강한 식단 선택이 새 습관이 되도록 하자.

6.
먹어야 할 것과 먹지 말아야 할 것

"저는 다니엘 금식 식단에서 매우 큰 유익을 얻었습니다. 초콜릿을 먹는 것이 그 후에 생기는 피로감을 상쇄할 만한 가치가 없다는 것을 몇십 년 만에 느꼈네요." ―샬롯

다니엘 금식법에 관한 수백 개의 질문에 답을 하면서 다음과 같은 식품 안내서를 작성하게 되었다. 이 목록에는 포함되어 있지만 유사한 식품이 많이 있다는 뜻을 전하려고 '포함하나 한정하지는 않음'(including but not limited)이라는 문구를 사용했다. 예를 들어 '아시아 배'는 내가 작성한 과일 항목에 들어가 있지 않지만 이 역시 과일이므로 허용된다.

또한 포장된 제품, 깡통 혹은 병에 든 저장식품에 관한 끝도 없는 질문에 답하다보니, 이제는 '식품 성분표'를 읽으라고 강조하게 되었다.

어떤 식품을 구매할 생각이라면 부착된 식품 성분표를 잘 읽어보아야 한다. 대개는 그 제품의 영양 정보 가까이에 있다. 다니엘 금식에서 먹어도 되는 식품은 무가당, 무화학 제품, 그리고 아래 식품 목록에 부합하는 것들이다.

다니엘 금식 기간 동안 먹을 수 있는 식품들

모든 과일

과일은 생과일이든 냉동과일, 건과일, 주스 혹은 저장과일이든 무엇이든 괜찮다. 다음을 포함하나 이것으로 한정하지는 않는다. 사과, 살구, 바나나, 블랙베리, 블루베리, 보이젠베리, 칸탈루프(껍질은 녹색에 과육은 오렌지색인 메론), 체리, 크랜베리, 대추야자, 무화과, 자몽, 포도, 구아바, 감로 멜론, 키위, 레몬, 라임, 망고, 복숭아, 오렌지, 파파야, 천도복숭아, 배, 파인애플, 자두, 말린 자두, 건포도, 딸기, 산딸기, 한라봉, 귤, 수박 등.

모든 채소

생채소, 냉동채소, 건채소, 채소액 또는 저장채소 모두 좋다. 다음을 포함하나 이것으로 한정하지는 않는다. 아티초크, 아스파라거스, 아보카도, 비트, 청경채, 브로콜리, 방울양배추, 배추, 당근, 콜리플라워, 샐러리, 칠리페퍼, 케일, 옥수수, 오이, 가지, 생강, 마늘, 완두콩, 멕시코 감자, 리크, 상추, 버섯, 겨자 잎, 오크라, 올리브, 양파, 파슬리, 파스닙(설탕당근), 피망, 감자, 래디시, 스웨덴 순무, 부추, 샬롯, 시금치,

새싹, 호박, 고구마, 토마토, 토마토 페이스트, 순무, 마름, 미나리, 참마, 애호박 등.

콩 알레르기가 없다면 베지 버거를 먹어도 된다.

모든 통곡물

다음을 포함하나 이것으로 한정하지는 않는다. 보리, 현미, 옥수수가루, 수수, 기장, 귀리, 옥수수 뻥튀기, 퀴노아, (현미)떡, 맥아, 통밀, 통밀파스타, 통밀 또띠야 등.

모든 견과류와 씨앗류

다음을 포함하나 이것으로 한정하지는 않는다. 아몬드, 캐슈넛, 코코넛, 아마씨, 피칸, 땅콩, 잣, 양귀비씨, 깨, 호두 등.

피칸버터나 참기름과 같은 견과류 기름도 포함된다.

모든 콩류

캔에 들어 있거나 말린 콩도 모두 포함한다. 다음을 포함하나 이것으로 한정하지는 않는다. 검은콩, 동부콩, 카넬리니콩, 병아리콩, 강낭콩, 렌틸콩, 리마콩, 강낭콩, 완두콩 등.

건강에 좋은 기름

다음을 포함하나 이것으로 한정하지는 않는다. 카놀라유, 코코넛오일, 포도씨유, 올리브유, 땅콩유, 참기름, 들기름 등.

물

생수, 정수된 물, 지하수 등.

콩 식품

여기에는 (모든 종류의) 두부, 콩고기(TVP), 다른 콩 제품이 포함된다.

양념류

아도보 소스, 고수잎, 허브, 가미하지 않은 겨자, 소금, 양념, 콩으로 만든 마요네즈, 향신료, 콩고기, 바닐라, 야채죽 등.

양념을 위한 용도라면 적은 양의 과일 주스(사과 주스, 레몬 주스, 라임 주스, 오렌지 주스, 파인애플 주스 등)를 사용할 수 있다.

다니엘 금식에서 제한하는 식품

- 모든 고기와 동물성 식품: 소고기, 양고기, 돼지고기, 닭고기, 칠면조고기, 생선 등.
- 모든 유제품과 난류: 우유, 치즈, 크림, 버터, 계란 등.
- 모든 가당류: 설탕, 원당, 꿀, 시럽, 당밀, 당즙 등.
- 모든 발효빵: 이즈카엘 빵(효모와 꿀을 첨가한 대부분의 빵), 프레첼, 피타 빵, 기타 발효제를 넣어 구운 빵 등.
- 모든 정제된 제품: 인공향신료, 인공첨가제, 화학제품, 백설탕, 백밀가루, 인공보존제 등.
- 모든 튀김: 감자칩, 프렌치프라이, 옥수수칩 등.
- 모든 고형 지방: 쇼트닝, 마가린, 라드 그리고 지방 함량이 높은

식품 등.

- 물이 아닌 음료: 커피, 차, 허브티, 탄산수, 에너지 드링크, 알코올 등.

(다시 한 번 강조한다. 조리된 제품을 살 때는 제품에 포함된 내용물을 알기 위해 반드시 '식품 성분표'를 읽어야 한다!)

저장해두어야 할 식품

디니엘 금식을 성공적으로 마무리하기 위해서는 필요한 식품들을 손쉽게 조리할 수 있게 준비해두어야 한다. 아래는 가까이 두어야 할 식품의 예다.

- 신선한 과일: 사과, 바나나, 블루베리, 포도, 레몬, 라임, 오렌지 등.
- 신선한 채소: (빨강, 초록) 피망, 오이, 상추, 스캘리온, 양파, 토마토(토마토가 실제로는 과일이지만, 우리는 대개 채소로 사용한다) 등.
- 통조림 식품: 다양한 콩류(검은콩, 강낭콩, 얼룩콩, 병아리콩), 할라피뇨 고추, 파인애플 주스, 토마토 소스, 다진 토마토 등.
- 냉동식품: 옥수수, 콩류, 혼합 채소, 채소 볶음, 사과농축액 등.
- 통곡물 및 콩류: 현미, 오트밀, 뮤즐리, 완두콩, 렌틸콩 등.
- 건과일: 건포도, 건살구, 건대추 등.
- 기타: 땅콩버터(조리법 참조), (현미)떡, 호두, 아몬드, 두유 등.

당신에게 적합한 음식을 먹으면 된다! 일부 과일, 채소, 건강한 지방, 곡물류는 대사를 촉진시키는 데 매우 큰 도움이 된다. 그중 최고의 채소류는, 아스파라거스, 비트, 브로콜리, 양배추, 당근, 시금치 그리고 토마토다. 최고의 과일에는 사과, 블루베리, 귤, 메론, 배가 있다. 견과류와 견과류로 만든 버터는 적당히 먹으면 좋으며, 현미, 보리, 오트는 대사를 돕는다.

아무리 좋은 것도 과하면 좋지 않다!

몸에 좋은 음식을 먹는다고 해서 과식해도 된다는 의미는 아니다. 먹는 양을 조절하는 것은 언제든 중요하지만 다니엘 금식을 하는 동안에는 특히 중요하다. 나는 종종 "다니엘 금식을 할 때는 얼마나 먹어야 합니까?"라는 질문을 받는다. 그럴 때면 우리가 어떤 음식이든 먹을 수 있지만 지금은 음식을 '금하고 있는 것'이라는 설명으로 답을 대신한다. 그러니 하루 세 끼의 소박한 식사와 두 번의 간식이면 적당하다.

먹는 양을 놓고 고민하는 것은 성령이 개입하시기에 좋은 기회다. 당신이 너무 많이 먹는 것은 아닌지, 성령의 강력한 열매인 자제력을 잃고 욕망에 지고 있는 것은 아닌지 성령께 여쭈어라.

1회 제공량에 포함된 열량을 알려면 영양 정보를 읽으라. 예를 들어 조리된 오트밀 1회분은 반 컵이며, 1회 신선 과일은 중간 크기 사과나 바나나 한 개, 콩류의 1회 섭취량은 3큰술이다. 마지막으로 칼로리를 계산해야 한다. 건강한 사람들의 하루 칼로리 섭취량은 성별과 체격에 따라 다르지만 2,200-2,800칼로리 정도다.[9]

9_ American Heart Association, "Know How Many Calories You Should Eat," http://www.americanheart.org/presenter.jhtml?identifier=3040366(2009년 9월 21일 접속).

The
Daniel
Fast

Part 2

내 몸과 영혼을
살리는
21일 말씀 묵상

The Daniel Fast

연구에 따르면, 오늘날 지구상에 약 21억 명이나 되는 그리스도인이 살고 있다고 한다. 어마어마하지 않은가? 기독교는 세계 모든 종교 중에 가장 규모가 크며 20,800개가 넘는 교파가 있다. 그러니 교회는 정말 많다! 하지만 자신을 그리스도인이라고 하는 사람들 중에 예수 그리스도의 제자라고 여기는 사람은 얼마나 될까?

왜 이런 간극이 생겼을까? 교회에 다니는 사람은 많다. 그런 사람들을 우리는 '교인'이라고 부른다. 하지만 '제자'라는 말에는 좀 다른 의미가 있다. 그리스도의 제자는 스승의 가르침을 배우고 그분의 방식에 따라 사는 문하생이다. 우리가 그리스도를 따르겠다고 마음먹을 때, 그분의 가르침에서 어느 부분은 순종하고 어느 부분은 무시하겠다는 뜻을 품지는 않았을 것이다. 그리스도의 제자는 스승의 가르침 전체를 진리로 받아들이고 그 진리에 따라 자신의 삶을 이루어가야 한다.

나는 내가 그리스도인임을 어디서나 누구에게든 흔들리지 않고 공표할 수 있다. 나에게 그럴 만한 자격이 없다 해도 말이다. 나에게 그리스도인은 마치 상표와 같다. 하지만 나를 싸고 있는 것은 예수 그리스도의 제자라는 덮개다. 내 삶을 이루고, 내 미래를 결정하며, 모든 것들 중에서 내가 서 있는 기초가 되는 것은 예수님이며 그분의 가르침이다. 제자로서 나는 하나님의 말씀을 배우고 공부하여 내가 어떻게 살고 섬기며 행동할 것인지를 더 많이 발견하려 노력한다. 그 과정은 기쁘고, 지혜롭고, 평화롭고, 상상할 수 없는 놀라운 능력이 함께하게 되는 순간이다.

당신도 나와 마찬가지로 자신을 예수 그리스도의 제자라고 부를 수 있기를 진실로 소망한다. 당신이 다니엘 금식을 체험하는 동안 당신의 믿음을 흔들어 깨우며 하나님 아버지와 동행하는 걸음을 더욱 강하게 하길 기도드린다. 당신을 위한 내 기도를 멈추지 않을 것이다.

🍀

이로써 우리도 듣던 날부터 너희를 위하여 기도하기를 그치지 아니하고 구하노니 너희로 하여금 모든 신령한 지혜와 총명에 하나님의 뜻을 아는 것으로 채우게 하시고 주께 합당하게 행하여 범사에 기쁘시게 하고 모든 선한 일에 열매를 맺게 하시며 하나님을 아는 것에 자라게 하시고 그의 영광의 힘을 따라 모든 능력으로 능하게 하시며 기쁨으로 모든 견딤과 오래 참음에 이르게 하시고 우리로 하여금 빛 가운데서 성도의 기업의 부분을 얻기에 합당하게 하신 아버지께 감사하게 하시기를 원하노라 그가 우리를 흑암의 권세에서 건

져내사 그의 사랑의 아들의 나라로 옮기셨으니 그 아들 안에서 우리
가 속량 곧 죄 사함을 얻었도다 그는 보이지 아니하는 하나님의 형
상이시요 모든 피조물보다 먼저 나신 이시니 만물이 그에게서 창조
되되 하늘과 땅에서 보이는 것들과 보이지 않는 것들과 혹은 왕권들
이나 주권들이나 통치자들이나 권세들이나 만물이 다 그로 말미암
고 그를 위하여 창조되었고 또한 그가 만물보다 먼저 계시고 만물
이 그 안에 함께 섰느니라 그는 몸인 교회의 머리시라 그가 근본이
시요 죽은 자들 가운데서 먼저 나신 이시니 이는 친히 만물의 으뜸
이 되려 하심이요(골 1:9-18).

1일

맏물을 드림

오늘의 말씀_ 에스겔 44:30

또 각종 처음 익은 열매와 너희 모든 예물 중에 각종 거제 제물을 다
제사장에게 돌리고 너희가 또 첫 밀가루를 제사장에게 주어 그들에
게 네 집에 복이 내리도록 하게 하라

오늘은 금식 첫째 날이다. 자신의 혼을 먹이고 영을 강하게 하고
몸을 새롭게 하는 색다른 경험을 위한 첫걸음을 떼는 날이다. 이 특별
한 기간에 들어가면 스스로 거룩하게 구별되어 하나님과 그분의 방법
에 더 집중할 수 있게 된다.

요즘은 맏물(첫 열매)을 드린다는 표현을 잘 쓰지 않는다. 구약 시대
의 믿음의 선조들에게는 맏물을 드리는 것이 관습이었지만, 현대인들
에게는 맏물을 드린다는 것이 그 해석부터 다양하다. 에스겔 44장 30
절은 맏물이 제사장을 위한 것이라고 말한다. 그러므로 이 성별된 기
도와 금식의 첫날에 당신은 대제사장이신 예수님께 이렇게 말할 수 있
다. "주님, 오늘 저는 주님께 제 처음을 드립니다. 저는 주님을 제 삶의
가장 앞에 놓겠습니다."

아울러 우리는 우리가 가진 모든 것의 맏물을 하나님께 드리라고 요

청받고 있다. 하나님이 이스라엘 백성에게 그 소산물에서 만물을 드리라고 지시하신 것처럼 말이다. 만물을 드릴 때 하나님은 "네 집에 복이 내리도록" 하겠다는 보상을 약속하셨다. 가인과 아벨이 하나님께 제사를 드렸던 것을 기억할 것이다. 아벨은 가축의 만물을 드렸고 하나님을 기쁘시게 했다. 하지만 가인의 마음은 하나님 앞에 올바르지 않았다. 학자들은, 가인의 제사는 그가 드려 마땅한 최상의 것이 아니라 남은 것이었다고 해석한다. 하나님은 그러한 제사를 거부하셨다.

하나님은 우리가 쓰고 남은 시간이나 여분의 노력을 원하시지 않는다. 그분은 우리 삶에서 최우선이 되기 원하신다. 그분은 우리의 최선을 원하신다. 성경 전체를 통해 우리는 하나님을 최우선에 놓으라는 명령을 받았다. 출애굽기 20장 5절에서는 "그것들에게 절하지 말며 그것들을 섬기지 말라 나 네 하나님 여호와는 질투하는 하나님"이라 했고, 마태복음 6장 33절에는 "그런즉 너희는 먼저 그의 나라와 그의 의를 구하라 그리하면 이 모든 것을 너희에게 더하시리라"라고 했다.

하나님을 우리 삶의 최우선으로 삼고, 그분이 우리가 하는 모든 일의 제일이자 마지막 권위자가 될 때, 우리는 하나님을 기쁘시게 하며 그분이 우리를 위해 예비하신 모든 것을 누릴 수 있다. 시편 103편 1-2절은 이 말을 이토록 멋지게 표현한다. "내 영혼아 여호와를 송축하라 내 속에 있는 것들아 다 그의 거룩한 이름을 송축하라 내 영혼아 여호와를 송축하며 그의 모든 은택을 잊지 말지어다."

하나님이 관심을 받고 싶어 우리 삶의 첫자리에 계시려는 걸까? 아니면 우리의 존경이 필요한 것일까? 그것들도 어느 정도 이유가 되겠다. 하지만 하나님이 우리 삶에서 그분을 우선순위에 놓기 원하시는 깊은 뜻은 놀랍고 강력해 도저히 측량할 수 없다. 다만 나는 우리 각자를 향해 품은 그분의 사랑 때문이라고 믿고 있다. 하나님은 그분의 자비와 은혜, 선함과 지혜, 그리고 복을 풍성히 쏟아주시기 원한다. 하나님은 우리가 그분이 창조하신 그대로의 사람이 되어 놀랄 만한 삶을 경험하고 이미 우리에게 맡겨주신 그 선한 일을 이루시기 원한다.

너무도 위대하고 엄청난 우리 각자에 대한 그분의 계획이 온전히 실현되는 유일한 방법은 우리가 그분 가까이 머무는 것뿐이다. 그분의 사랑과 보호하심은 깊고도 넓다. 우리 각자와 친밀한 사랑의 관계를 맺고자 하시는 그분의 소망으로 인해 우리는 운명처럼 그분께 가까이 있어야 한다. 마지막으로 우리는 우리에게 훼방꾼이 있다는 것을 기억해야 한다. 대적 사탄은 우는 사자같이 다니면서 그 먹잇감을 탈취하려 든다. 사탄의 목표는 우리를 훔치고 죽이고 파괴하는 것이다. 우리에게는 우리 아버지의 보호와 조언과 능력이 필요하다. 그로 인해 우리가 보호받고 승리할 수 있기 때문이다.

그분께 가까이 오라고 신호를 보내시는 성령의 잠잠하고 세미한 목소리를 듣고 있는가? 하나님이 당신의 삶을 조정하여 모든 영역에서 그분을 맨 앞에 놓으라고 부르고 계신가? 기도와 금식의 때는 주님의 목소리를 듣고 그분이 당신 삶의 모든 면에서 얼마나 당신을 원하시는지를 발견하기에 완벽한 시간이다. 마음을 그분께 열고 그분의 지혜와 조언을 구해야 한다. 하나님이 길을 알려주고 당신을 더 가까이 인도하실 것이다. 주님의 팔은 넓게 열려 있으니 그분의 따뜻하고 은혜로운 초대에 지금 응하시기를.

2일

진리로 성화됨

오늘의 말씀_ 요한복음 17:16-18

내가 세상에 속하지 아니함같이 그들도 세상에 속하지 아니하였사옵나이다 그들을 진리로 거룩하게 하옵소서 아버지의 말씀은 진리니이다 아버지께서 나를 세상에 보내신 것같이 나도 그들을 세상에 보내었고

예수님은 십자가로 향한 길을 가시기 전에 제자들에게 하나님 아버지에 대해 말씀해주셨다. 우리의 중보자 되신 예수님은 하나님 오른편에 앉기 전부터 우리를 위해 기도하셨다. 주님은 창조주 되신 하나님께서 우리에게 복을 주시고 지키시기를 간구하신다. 그 기도의 한 대목이 "그들을 진리로 거룩하게 하옵소서"다.

'거룩하게 하다'(sanctify)는 그리스어로 '하기아조'(hagiazo)인데, '거룩하게 하거나 정화하다' 또는 '구별되다'라는 뜻을 담고 있다. '구별되다'(consecrate)라는 말은 '온전케 하다, 부르심을 이루다, 거룩한 목적을 위해 따로 떼어놓다'라는 뜻이다.

요한복음 17장 16-18절에서 예수님은 우리 하나님 아버지께 이와 같이 부탁했다. "이 사람들은 이제 달라졌습니다. 아버지, 그들은 이제

저와 같으며, 세상 사람들과는 다릅니다. 그러니 그들을 거룩하고 순전하게 하시어 그들을 부르신 아버지의 뜻을 이루어 아버지의 진리로써 살게 하소서. 아버지께서 저를 이 세상에 보내어 아버지의 일을 하게 하셨으므로, 저도 아버지의 일을 하도록 그들을 세상에 보냈습니다."

당신과 나는 하나님의 사역을 위해 그리스도께 위임받아 세상을 하나님과 화해하도록 떼어 구별된 사람들이다. 하나님은 이 과업을 이룰 수 있도록 보이지 않는 능력과 그의 도구로 우리를 준비해놓으셨다. 그분은 우리가 필요로 하는 모든 것을 우리에게 주셨다. 우리는 그분의 군사이며 택하신 백성이다.

금식의 주요 요소 가운데 하나가 바로 구별됨이다. 이 시간과 우리 삶을 주님께 구별해 드리는 것이다. 금식 기간은 보통의 일상적인 삶과는 다르다. 자신을 따로 떼어놓는 시간이다. 성막의 기구와 비품은 영적인 일을 위해 구별해 따로 떼어놓았었다. 바벨론 왕 벨사살이 다니엘을 포로로 잡고 있을 때, 하나님의 거룩한 그릇에 함부로 술을 따라 마신 것은 자신의 목숨을 위태롭게 한 행동이었다.

"이에 예루살렘 하나님의 전 성소 중에서 탈취하여 온 금 그릇을 가져오매 왕이 그 귀족들과 왕후들과 후궁들과 더불어 그것으로 마시더라 그들이 술을 마시고는 그 금, 은, 구리, 쇠, 나무, 돌로 만든 신들을 찬양하니라 그때에 사람의 손가락들이 나타나서 왕궁 촛대 맞은편 석회벽에 글자를 쓰는데 왕이 그 글자 쓰는 손가락을 본지라"(단 5:3-5).

왕의 뻔뻔한 행동은 이어졌고, 다니엘에게 벽에 쓴 글씨를 해석하라고 명령했다. 왕과 그 나라가 망한다는 경고를 담은 글이었다. 왕은 그날 밤 죽임을 당했고 바벨론은 무너지기 시작했다.

'구별되다'라는 단어와 긴밀히 연관된 다른 말은 '성화'(sanctification), 즉 '거룩하게 되어가는 것'이다. 이는 '영적 또는 거룩한 목적으로 따로 떼어놓다'라는 뜻이다. 하나님은 포로 된 이스라엘 백성을 이집트에서 이끌어낼 때 이런 말씀을 하셨다. "너희를 내 백성으로 삼고 나는 너희의 하나님이 되리니"(출 6:7). 하나님은 유대 백성들을 불러 세상의 다른 사람들과 구별되어 하나님께 삶의 초점을 맞추라고 하셨다. 그들이 하나님을 우선순위에 두고 주의 길을 따를 때 복된 삶을 살 수 있게 하겠다는 약속을 셀 수 없이 하셨다.

요한복음 17장 16-18절을 보면, 예수님은 우리가 세상과 떨어져 거룩한 목적을 위해 구별되기를 하나님께 간구하신다. 그러면 우리는 어떻게 구별될 수 있을까? 하나님이 약속하신 진리의 말씀에 의지해야 성별될 수 있다.

금식을 이어가는 동안, 하나님이 세상에서 당신을 구별하여 부르신 뜻을 생각해보라. 당신은 하나님의 사역을 이루기 위한 목적으로 선택된 백성임을 기억해야 한다. 그리고 소명을 따르기로, 주님께 순종하기로, 그리고 그분의 길을 따라 걷기로 마음을 정해야 한다.

3일

네게 무엇을 하여주기를 원하느냐?

오늘의 말씀_ 마가복음 10:51

예수께서 말씀하여 이르시되 네게 무엇을 하여주기를 원하느냐…

나는 상상력을 동원하여 말씀 속 장면을 머릿속에 그려보기를 좋아한다. 그러면 말씀의 진리가 더 잘 와 닿는다. 마가복음 10장을 읽을 때도 그랬다. 앞을 못 보는 바디매오에 관한 이야기는 일곱 절에 걸쳐 그려지고 있지만(46-52절), 오늘을 사는 우리에게도 능력 있는 진리의 말씀이 된다.

"그들이 여리고에 이르렀더니 예수께서 제자들과 허다한 무리와 함께 여리고에서 나가실 때에 디매오의 아들인 맹인 거지 바디매오가 길가에 앉았다가 나사렛 예수시란 말을 듣고 소리 질러 이르되 다윗의 자손 예수여 나를 불쌍히 여기소서 하거늘 많은 사람이 꾸짖어 잠잠하라 하되 그가 더욱 크게 소리 질러 이르되 다윗의 자손이여 나를 불쌍히 여기소서 하는지라 예수께서 머물러 서서 그를 부르라 하시니 그들이 그 맹인을 부르며 이르되 안심하고 일어나라 그가 너를 부르신다 하매 맹인이 겉옷을 내버리고 뛰어 일어나 예수께 나아오거늘 예수께서 말씀하여 이르시되 네게 무엇을 하여주기를 원하느냐 맹인이 이르되 선

생님이여 보기를 원하나이다 예수께서 이르시되 가라 네 믿음이 너를 구원하였느니라 하시니 그가 곧 보게 되어 예수를 길에서 따르니라"(막 10:46-52).

시각장애인 바디매오에게는 간절한 필요가 있었다. 가진 것 없는 그가 심각한 장애까지 갖고 있었으니 삶의 궁색함은 비할 데가 없었다. 그는 길거리에 나가 구걸하며 연명하고 있었다. 불행 중 다행으로 바디매오는 예수님의 명성을 알고 있었고, 마침 그분이 지나가신다는 얘기를 들어 주님을 소리 질러 불렀던 것이다. 바디매오는 예수님을 만나지도 못했고 이야기를 나눠본 적도 없지만, 예수님이 치유자라는 사실을 알았으며 자신을 고쳐주리라 믿었다. 그는 예수님에 대한 그리고 예수님이 이루실 일에 대한 믿음이 있었다.

오늘 우리도 비슷한 상황에 처해 있다. 우리 역시 삶의 고난을 겪고 있다. 그 고난은 질병일 수도, 재정적인 궁핍일 수도, 결혼 생활의 문제일 수도 있다. 우리도 바디매오처럼 예수님을 큰소리로 불러 도움을 요청할 수 있다. 하지만 먼저 그분이 누구이신지 '알아야 한다'. 우리 눈으로 그분을 본 적은 없다 할지라도 말이다.

바디매오가 소리를 지르자 주변에 있던 사람들이 그에게 조용히 하라고 핀잔을 주었다. 우리 상황에 적용해보아도 마찬가지 일이 벌어질 것이다. 때때로 가족, 친구, 심지어 교회의 관행도 예수님께 우리의 필요를 의지하는 것을 방해한다. 우리에게 잠잠하라고 핀잔하는 것은 지성이나 불신앙, 두려움과 같은 눈에 보이지 않는 것일 때가 많다. 바디매오와 마찬가지로 우리는 그런 '목소리'를 무시하고 더욱 강하게 외쳐야 한다.

예수님이 바디매오에게 관심을 보이자 주변에 있던 모든 사람의 자세가 바뀌었다는 사실은 참으로 흥미롭다. 바디매오를 비난하던 자들은 예수님의 한마디로 인해 기적의 목격자이자 증인으로 한순간 바뀐다.

예수님이 자신을 부르신다는 이야기를 들은 바디매오는 곧바로 겉옷을 던져버리고 예수님께 갔다. 옷은 상징적이다. 그것은 권세자들이 궁핍한 이들에게 제공했던 거지의 겉옷이다. 그 겉옷은 자신은 불행하므로 다른 사람의 동정을 얻어도 된다는, 곧 구걸해도 된다는 상징을 담고 있었다. 하지만 바디매오는 아직 감긴 눈이 떠지기도 전에 그 거지 옷을 던져버렸다.

예수님이 그에게 묻는다. "네게 무엇을 하여주기를 원하느냐?" 질문이 참으로 흥미롭다. 바디매오가 눈이 보이지 않는다는 것은 누가 봐도 다 아는 사실이다. 그런데 왜 예수님은 그를 그냥 고쳐주시지 않았을까? 내 생각에 예수님은 바디매오의 믿음을 확인하기 위해 물으신 것 같다. 그 당시에 거지에게는 보통 이 질문을 던졌다고 한다. 그런데 바디매오는 그리스도께서 자신을 고칠 수 있다는 믿음을 보이며 불가능할 것 같은 일을 말한다. "선생님이여, 보기를 원하나이다."

예수님이 대답하셨다. "가라. 네 믿음이 너를 구원하였느니라." 정말 강력한 사건이다. 그렇다면 우리는 예수님이 우리를 위해 움직여 기적을 행하시길 얼마나 간절히 바라는가? 예수님은 바디매오의 믿음이 그의 눈을 뜨게 했다고 말씀하신다. 예수님이 그를 만졌다거나 기적을 달라고 하나님 아버지께 기도했다는 내용은 없다. 예수님은 그렇게 하시지 않는 대신 바디매오가 온전하게 된 것은 바디매오의 믿음 때문이었다고 말씀하신다.

바디매오는 예수님이 고치셨다는 것을 알았다. 그는 주변 사람들이 자신에게 조용히 하라고 윽박지를 때도 소리 내어 예수님을 부르짖는 믿음을 보였다. 그는 장애인의 상징이었던 겉옷을 벗어던졌고, 자신이 원하는 바로 그것을 예수님께 말씀드리며 그 일을 해주실 것을 믿었다. 그러자 그 불가능해 보이던 오랜 꿈이 현실이 되었다.

오늘 당신의 삶에 무슨 문제가 있는가? 당신은 예수님이 당신에게 무엇을 해주시기를 원하는가? 어떤 목소리가 주님의 손짓을 막고 있나? 믿음을 가지고 나아가야 한다. 그리고 하나님이 오늘 당신에게 주시기 원하는 그것을 받으면 된다.

4일

매끄러운 돌 다섯 개

오늘의 말씀_ 사무엘상 17:39-40

다윗이 칼을 군복 위에 차고는 익숙하지 못하므로 시험적으로 걸어
보다가 사울에게 말하되 익숙하지 못하니 이것을 입고 가지 못하겠
나이다 하고 곧 벗고 손에 막대기를 가지고 시내에서 매끄러운 돌 다
섯을 골라서 자기 목자의 제구 곧 주머니에 넣고 손에 물매를 가지고
블레셋 사람에게로 나아가니라

2008년 봄, 나는 온라인 '다니엘 금식 커뮤니티'에 이런 글을 올렸다.

많은 분이 알고 있는 것처럼 저는 지난 월요일부터 다니엘 금식에 들
어갔습니다. 이번에는 예전과 약간 달라진 것이 있습니다. 먼저, 기
간이 21일에서 7주로 늘었습니다. 둘째, 하루 딱 세 끼만 간단히 먹
고 있습니다. 셋째, 이번이 내 인생에서 최고의 영적 경험이 될 것이
라는 기대로 하나님과 그분의 약속에 집중하고 있습니다.
작년이 저에게 우울하고 힘겨웠던 한 해였다는 사실을 아시는 분은
아실 것입니다. 주로 재정적인 어려움 때문이었습니다. 저소득층을
돕는 부동산 투자가였던 저는 부동산 가격 폭락과 서브프라임 모기

지 사태를 정통으로 겪어야 했습니다. 그 결과 집은 비어가는데 구매할 사람은 없고 시장은 무너지는데 대출 잔액만 떠안게 되었지요. 그야말로 빈털터리가 되었습니다!

신실하신 하나님은 저를 이끌어주셨습니다. 하지만 지금 저는 남아 있는 부채와의 전쟁을 선포하고 재정적인 돌파구를 마련하려고 하나님을 압박하고 있습니다.

오늘 경건의 시간에 저는 다윗에 대해 생각했습니다. 겸손한 젊은 목자가 거인과의 싸움에 나섰습니다. 거인은 압도적인 힘이 있어 보였고 이 싸움에서 이미 이긴 듯했습니다. 저는 다윗을 이해할 수 있었습니다. 제게 닥친 재정적인 문제에 압박을 가하는 거인과 골리앗, 이 두 거인이 같지는 않지만 둘 다 무척 위협적인 것은 맞습니다.

위의 말씀에서 우리는 다윗이 갑옷을 벗어던졌다는 내용을 읽었습니다. 그는 물매와 매끄러운 돌 다섯 개를 선택합니다. 우리는 이야기가 어떻게 끝나는지 잘 압니다. 다윗의 무기인 매끄러운 돌 다섯 개는 골리앗을 물리쳤고, 다윗은 이스라엘의 왕이 되는 길로 가게 되었습니다!

저는 매끄러운 돌 다섯 개를 선택하기로 했습니다. …그것은 바로 하나님의 살아 있는 물에서 건져 올린 것입니다. 저는 성경을 읽다가 다섯 구절을 일기에 적어두었습니다. 그 말씀들은 믿음, 하나님의 공급하심, 그리고 그리스도와 함께하는 나의 자리에 관련된 것입니다. 이 말씀들이 이번 7주간 제 무기가 되어줄 것입니다. 저는 그 말씀을 선포하고 암송할 것입니다. 염려가 제 생각을 파고들려는 것을 느낄 때면 말씀을 암송하며 하나님의 말씀이라는 이 다섯 개의 매끄러운 돌로 전쟁을 계속할 것입니다.

에베소서 6장 12절은 우리에게 이렇게 말합니다. "우리의 씨름은 혈과 육을 상대하는 것이 아니요 통치자들과 권세들과 이 어둠의 세상 주관자들과 하늘에 있는 악의 영들을 상대함이라." 제가 가진 매끄러운 돌이 힘을 가질 때는 바로 이러한 영역에서입니다.

저는 믿습니다. 말씀의 능력에 힘입어 현명한 청지기 자세를 갖추면 다시금 견고한 땅을 딛고 영원히 감사할 신실한 삶의 자리로 올라서게 되리라는 것을. 당신에게도 당신 인생에서 맞서야 할 거인이 있는지 모르겠습니다. 그렇다면 하나님의 살아 있는 말씀으로 들어가 매끄러운 돌 다섯 개를 고르기 바랍니다. 하나님이 당신을 들어 올려 승리의 기쁨을 맛보는 경험을 하시길 기도합니다.

위 이야기의 후일담을 전하자면, 언제나처럼 하나님은 신실하신 분이었다. 나는 온라인 친구들에게서 격려 메일을 수도 없이 받았는데, 자신들도 매끄러운 돌 다섯 개를 골랐다는 내용이었다. 나를 위해 내 하나님 아버지는 필요한 소득을 얻을 수 있는 법을 보여주셨으며, 나를 밝은 미래로 인도하셨다. 그렇지만 가장 큰 상은 내 믿음이 자랐고 하나님의 신실하심과 능력에 대한 확신이 어느 때보다 더 강해진 것이다. 우리 하나님은 그렇게 좋으신 분이다!

5일

모든 생각을 사로잡아

오늘의 말씀_ 고린도후서 10:4-5

우리의 싸우는 무기는 육신에 속한 것이 아니요 오직 어떤 견고한 진도 무너뜨리는 하나님의 능력이라 모든 이론을 무너뜨리며 하나님 아는 것을 대적하여 높아진 것을 다 무너뜨리고 모든 생각을 사로잡아 그리스도에게 복종하게 하니

당신이 다니엘 금식을 하는 동안 자신이 누구인지, 자신의 존재를 이루고 있는 것이 무엇인지 더 잘 알게 되기를 바란다. 위의 말씀을 보면, 우리의 무기와 싸움은 육신에 관한 것이 아니며, 물리적인 이 세상에 속한 것도 아니라는 것을 알 수 있다. 우리의 싸움은 영에 관한 것이며 영적 영역에 속해 있다. 하나님의 말씀은 우리에게 하나님 나라, 즉 우리 주변을 둘러싸고 있으며 우리 안에 있는 현실을 알려준다. 그것은 완전히 새로운 사고방식으로, 우리의 세속적이고 육신에 속한 생각과는 다르다.

그러니 우리가 육신을 떠나 하나님 나라의 삶으로 옮겨갈 때 모든 생각을 하나님의 말씀에 맞게 정렬해야 한다. 날마다 거듭 이렇게 자문해야 한다. '하나님은 이 일에 대해 무어라고 말씀하실까?'

하나님의 방법과 배치되는 모든 생각은 묶어두어야 한다. 그런 생각을 던져버릴 때 그 자리에 하나님의 진리를 채울 수 있다. 그러면 그분의 진리가 우리를 움직이게 하거나 우리의 무기가 될 것이다.

- 두려운 생각이 우리 머릿속에 들어오면 그것이 거짓임을 깨닫고, 하나님의 말씀을 읽고 약속으로 삼아 그 진리를 선포해야 한다.
- 우리의 적이 우리에게는 아무 선한 것도 없고 우리가 실패했다고 속삭일 때, 우리는 그것이 거짓임을 알고 하나님의 말씀을 읽고 약속으로 삼아 그 진리를 선포해야 한다.
- 우리를 둘러싼 모든 상황이 너는 실패자요 패배자라고 소리칠 때, 우리는 그것이 거짓임을 알고 하나님의 말씀을 읽고 약속으로 삼아 그 진리를 선포해야 한다.

모든 생각을 사로잡는 일은 훈련이 필요하다. 우리는 내 마음과 정신을 지켜야 한다. 우리는 내 머릿속에 들어오는 모든 생각을 경계하여 그것이 하나님의 말씀에 어긋나지 않는지 따져보고 그 시험에서 이겨야 한다.

언젠가 어느 목사님이 이런 말씀을 하셨다. "어떤 상황에 처했을 때마다 세 가지 질문을 해보십시오. '하나님은 이 일에 대해 뭐라고 말씀하실까? 내 적은 뭐라고 말할까? 나는 뭐라고 말할까?'"

나는 늘 이 세 가지 질문을 나 자신에게 하고 있다. 그것이 모든 생각을 사로잡아 매번 그리스도의 길을 선택하게 하는 쉬운 방법이 될 것이다.

텔레비전 설교자이자 베스트셀러 작가인 조이스 마이어는 《내 마음은 치열한 전쟁터》(Battlefield of the Mind, 베다니 역간)라는 책을 썼다. 미국에서만도 100만 부 넘게 팔린 책인데, 생각을 붙잡아서 하나님의 말씀에 맞게 정렬하도록 생각을 바꾸는 방법을 알려준다. 제목에서 분명히 드러나듯이 전쟁은 마음에서 일어나는 것이다. 우리 마음 안에서 움직이는 생각들을 지켜내는 것이 중요하다. 나는 다음과 같은 유명한 시로 그것을 표현하고 싶다.

생각을 지키세요, 그것이 말이 될 테니까요.
말을 지키세요, 그것이 행동이 될 테니까요.
행동을 지키세요, 그것이 습관이 될 테니까요.

습관을 지키세요. 그것이 성품이 될 테니까요.

성품을 지키세요. 그것이 당신의 운명이 될 테니까요.

이토록 생각이 중요하다. 얼마나 중요한지 바울은 우리에게 분명한 지침을 주었다. "끝으로 형제들아 무엇에든지 참되며 무엇에든지 경건하며 무엇에든지 옳으며 무엇에든지 정결하며 무엇에든지 사랑받을 만하며 무엇에든지 칭찬받을 만하며 무슨 덕이 있든지 무슨 기림이 있든지 이것들을 생각하라"(빌 4:8).

당신의 생각에는 힘이 있다. 당신이 지금 무슨 생각을 하고 있는지 살펴야 한다. 생각을 하나님의 말씀에 비추어보고 필요하다면 바꾸어야 한다. 당신의 생각이 하나님의 생각을 더 닮아갈 때 당신의 인생에서 놀랄 만한 변화가 일어날 것이다.

6일

하나님 나라

오늘의 말씀_ 요한복음 3:3

예수께서 대답하여 이르시되 진실로 진실로 네게 이르노니 사람이 거 듭나지 아니하면 하나님의 나라를 볼 수 없느니라

하나님 나라는 구별된 곳이다. 그곳은 예수 그리스도께서 왕으로 통치하시는 곳이다. 누구에게나 열려 있으나 합당한 자격을 갖춘 이들만이 접근할 수 있는 곳이다. 그렇다면 그 자격은 무엇일까? 주 예수 그리스도를 믿고 그분을 구주로 받아들이면 즉시 거저 얻을 수 있다. 하나님 나라로 들어가려면 '나는 예수 그리스도에게 속한 사람'이라는 정체성이 있어야 한다는 말이다.

요한복음 3장 3절에서 예수님은 다시 태어나지 않는 한 하나님 나라를 볼 수 없다고 말씀하신다. 하나님 나라는 어디에 있을까? 하늘을 말하는 것일까? 하나님 나라를 보려면 이 세상이 끝날 때까지 기다려야 하는 것일까?

예수님은 이 질문에 대해 누가복음 17장 20-21절에서 답하신다. "바리새인들이 하나님의 나라가 어느 때에 임하나이까 묻거늘 예수께서 대답하여 이르시되 하나님의 나라는 볼 수 있게 임하는 것이 아니요 또 여기 있다 저기 있다고도 못하리니 하나님의 나라는 너희 안에 있느니라."

예수님은 하나님 나라는 우리 눈으로 볼 수 있는 곳이 아니라고 하셨다. 그 나라는 정치 제도나 이 땅의 정권을 말하는 것이 아니다. 하나님 나라는 우리 안에 있는 실재, 즉 믿음의 체계 또는 사고방식이다. 그것은 세상이 생각하는 방법과는 다르며, 그리스도를 믿는 믿음을 통해서 그리고 그분의 방식에 따라 우리 삶을 경영하겠다는 우리의 의지를 통해서만 접근 가능하다.

우리가 하나님과 그분의 일하시는 방식대로 우리 삶을 이루어갈 때 우리는 그 나라의 원칙과 그 나라의 법에 따라 사는 것이다. 그 모든 법은 하나님의 말씀에 분명히 기록되어 있다. 오직 말씀을 통해서만 하나님이 우리에게 주신 그 역동적인 하나님 나라의 삶을 살아갈 수 있다.

모세가 떠난 뒤 여호수아가 자신의 능력에 대해 염려하자 하나님은 그에게 간단명료하게 지시하신다. "이 율법책을 네 입에서 떠나지 말게 하며 주야로 그것을 묵상하여 그 안에 기록된 대로 다 지켜 행하라 그리하면 네 길이 평탄하게 될 것이며 네가 형통하리라"(수 1:8).

하나님 안에서 구별된 백성이 되어 성령이 이끄시는 삶을 살 때 당신과 나는 세상과는 다른 하나님 나라의 일원이 된다. 세상과는 다른 법과 기준을 갖는 것이다. 그 기준은 오직 하나님의 말씀 안에서 찾을 수 있다.

문제는 교회에 소속된 교인들조차 자신의 집 주소를 바꾸지 않는 데 있다. 그들은 자신을 위한 하나님의 놀라운 사랑과 약속을 깨닫고 그에 따라 살기보다는 세상의 기준과 법에 맞추어 살고 있다. 이혼, 질병, 문란한 성생활, 재정적인 문제 등이 그리스도의 지체들에게서도 두드러진다는 점은 참으로 슬픈 일이다. 하나님은 능력과 승리와 자유가 모든 사람에게 가능한 것이라고 말씀하셨다.

하나님이 여호수아에게 율법을 따르면 형통하게 될 것이라고 말씀하신 것은, 여호수아가 그 삶의 모든 영역에서 전진하게 될 것이라는 의미다. 여호수아가 하나님을 신뢰하고 하나님의 방법에 따라 자신의 삶을 살 때 많은 일을 성취했다.

우리는 그리스도로 인해 더 좋은 것을 받았다. 우리는 우리 안에 살아 계시는 그리스도의 능력을 가지고 있다. 그러나 하나님의 말씀이라는 진리는 종이에 적힌 말로만 남아 있으면 아무런 효력을 갖지 못한다. 우리에게 실재가 되어야 한다. 그 실재가 우리의 생각과 믿음을 바꾼다. 그러면 우리가 행동하는 방식과 내 삶을 경영하는 방식을 변화시킬 수 있게 된다.

하나님 나라의 시민권이 우리를 기다리고 있다. 우리가 더욱 주도적이 되어야 한다. 그곳에서 살기를 원할 뿐 아니라 실제로 그곳을 향해 움직여야 한다. 몸이 아니라 마음이 움직여야 한다.

주여, 이 두려움을 없애주소서

오늘의 말씀_ 여호수아 1:9

내가 네게 명령한 것이 아니냐 강하고 담대하라 두려워하지 말며 놀라지 말라 네가 어디로 가든지 네 하나님 여호와가 너와 함께하느니라 하시니라

하나님께 "이 두려움을 없애주세요", "이 염려에서 벗어나게 해주세요"라고 기도해본 적이 있는가? 나는 최근에 그런 기도를 드렸다. 주님은 모든 염려와 불안과 두려움에서 자유롭게 되는 길을 그분이 마련해놓으셨음을 곧바로 알게 하셨다.

여호수아는 모세가 죽은 후 이스라엘을 다스리는 지도력을 물려받고는 겁이 났다. 하지만 하나님은 그에게 강하고 담대하라고 하시면서, 다음과 같이 성품과 자질을 얻는 방법을 알려주셨다.

"오직 강하고 극히 담대하여 나의 종 모세가 네게 명령한 그 율법을 다 지켜 행하고 우로나 좌로나 치우치지 말라 그리하면 어디로 가든지 형통하리니 이 율법책을 네 입에서 떠나지 말게 하며 주야로 그것을 묵상하여 그 안에 기록된 대로 다 지켜 행하라 그리하면 네 길이 평탄하게 될 것이며 네가 형통하리라"(수 1:7-8).

두려움, 염려, 불안과 같은 감정을 느낄 때는 하나님의 말씀에 즉각적으로 반응해야 한다. 하나님께 두려움을 제거해달라고 요청하기 전에 그분의 말씀에 따라 우리의 영혼을 하나님 말씀으로 채워야 한다. 말씀은 두려움을 내어쫓는 검증된 해독제다.

빌 존슨(Bill Johnson) 목사는 《믿음의 승리》(*Strengthen Yourself in the Lord*, 다윗의장막 역간)에서 의심을 극복하고 믿음으로 나아가는 방법을 나누고 있다. 그는 의심이 믿음에 길을 내어줄 때까지 자신의 영에 하나님의 진리의 말씀을 계속 쏟아붓는다고 설명한다. 이렇게 되기까지 시간이 걸리지만 믿음을 향한 분투의 한 부분이다. 그것이 바로 우리의 영혼으로 우리가 해야 할 일이다. 우리는 성령께 우리를 다스려달라고, 하나님의 살아 있는 말씀으로 나아가 생수를 마시게 해달라고 간구해야 한다. 두려움이 올라온다면 생수를 더 많이 마시면 된다. 우리가 생수를 마시며 하나님의 선하심을 계속해서 먹는다면 두려움은 사라지고 믿음은 굳건해질 것이다.

하나님은 두려움을 계획하는 분이 아니다. 두려움은 우리의 믿음을 마비시키고 하나님의 말씀의 효력을 없애려는 적군이 사용하는 것이다. 하지만 우리가 진리를 알면 그 진리가 우리를 두려움의 속박에서 자유롭게 한다. 그 진리는 누구나 가질 수 있는 것이지만 받으려고 하는 사람만이 그 진리를 취할 수 있다.

"하나님, 이 두려움을 제게서 쫓아주소서"라고 기도하고 있다고 느껴지면, 언제라도 당장 주님이 여호수아에게 명하신 대로 행해보라. 먼저 말씀을 펼쳐들고 그 말씀을 묵상한다. 소리 내어 읽어본다. 눈으로 읽으며 그 말씀에 귀 기울인다. 하나님 말씀의 순수함으로 주변이 가득하게 되면, 적이 독가스처럼 내뿜은 의심과 두려움은 곧 씻겨나가고 오직 진리만이 남을 것이다.

그러한 과정이 저절로 이루어지지는 않지만, 우리는 힘써 계속 해나가야 한다. "내 형제들아 너희가 여러 가지 시험을 당하거든 온전히 기쁘게 여기라 이는 너희 믿음의 시련이 인내를 만들어내는 줄 너희가 앎이라 인내를 온전히 이루라 이는 너희로 온전하고 구비하여 조금도 부족함이 없게 하려 함이라"(약 1:2-4).

의심에 직면했다면 믿음이 시험받고 있는 것이다. 하지만 믿음이 더욱 강해질 때까지 하나님의 약속에 초점을 두어 인내하면 의심을 극복할 수 있다. 우리는 주님이 우리를 위해 예비하신 그 길을 따라가기만 하면 된다.

8일

나는 어느 나라 시민인가?

오늘의 말씀_ 빌립보서 3:20

**그러나 우리의 시민권은 하늘에 있는지라 거기로부터 구원하는 자 곧
주 예수 그리스도를 기다리노니**

'정치적으로 올바른'(politically correct)이라는 표현이 유행이다.
대체로 선한 의도로 사용하지만, 일부는 논란의 여지도 있다. 나는 여
기서 정치적으로 올바르다는 말을 조금 다른 뜻으로 생각해보려 한다.

신약성경 전체를 통해 예수 그리스도의 제자들은 다른 방식으로 살도
록 부르심을 받았다. 세상과 구별되라는 높은 차원의 부르심이다. 베드
로전서 2장 9절은 우리에게 이렇게 말한다. "그러나 너희는 택하신 족
속이요 왕 같은 제사장들이요 거룩한 나라요 그의 소유가 된 백성이니
이는 너희를 어두운 데서 불러내어 그의 기이한 빛에 들어가게 하신 이
의 아름다운 덕을 선포하게 하려 하심이라."

당신과 나는 하나님 나라의 시민으로 정치적 신분은 전능하신 왕이신
예수님의 통치 아래에 있다. 그분은 왕 중의 왕이요, 주의 주요, 평화의
왕이다. 하나님 나라의 통치권이 그분의 어깨 위에 있다.

이러한 정치적 구조에서 하나님 나라를 생각할 때, 당신은 정치적으

로 올바른가? 지도자의 부르심에 응답했는가? 그 나라의 영적인 법규를 이해하고 인정하고 그에 따라 살고 있는가?

다니엘 금식 기간 동안 묵상 가운데 주님이 내게 보여주신 한 가지 교훈은, 우리가 그리스도를 외치고 있지만 그분 안에서 온전히 살고 있지 못하다는 것이다. 세상일에 마음을 빼앗겨 하나님 나라에서 누릴 수 있는 영광스러운 삶을 누리지 못하고 있다. 그렇다고 수도원이나 어떤 공동체 안에서 살아야 한다는 뜻은 아니다. 다만 우리가 전에 알던 것과는 다른 믿음의 삶을 살도록 우리를 부르신다는 것이다.

예수님은 하나님 나라가 당신 안에 있다고 가르치신다(눅 17:21). 그리고 이렇게 선포하신다. "너희는 세상의 빛이라 산 위에 있는 동네가 숨겨지지 못할 것이요"(마 5:14). 우리의 빛은 숨겨져서는 안 되며 모든 사람이 볼 수 있어야 한다고 말씀하신다. 다른 비유에서 예수님은 또 이렇게 가르치신다. "…천국은 마치 사람이 자기 밭에 갖다 심은 겨자씨 한 알 같으니 이는 모든 씨보다 작은 것이로되 자란 후에는 풀보다 커서 나무가 되매 공중의 새들이 와서 그 가지에 깃들이느니라"(마 13:31-32).

바로 당신과 나 그리고 교회에게 하시는 말씀이다. 그 나라가 우리 안에 있다. 우리에게 머무는 환한 빛을 보고 믿지 않는 허다한 무리가 와서 우리의 가지에 둥지를 틀고 우리의 왕이신 하나님과 그분의 나라에 대한 좋은 소식을 들어야 한다!

성경은 하나님 나라는 세상과 다른 곳이라고 말한다. 그러니 내가 진정으로 나 자신을 '선택된 세대, 왕 같은 제사장, 거룩한 나라, 그분의 특별한 백성'이라고 인식하는지 물어야 한다. 나는 보이지는 않지만 진실한 나라의 시민인가? 아니면 그냥 미국인 또는 워싱턴의 시민이라고 느낄 뿐인가? 내 땅, 내 집이 속한 곳은 어느 나라인가?

만일 내가 하나님 나라라는 관점에서 정치적으로 올바르고 '거룩한 나라'의 온전한 시민이라면, 나의 왕에 대한 전적인 신뢰가 있을 것이며, 왕이 하는 모든 말씀을 믿고 그가 이끄는 대로 따를 것이다. 나는 더 잘 믿고 덜 염려하며 미래에 대해 완벽하게 신뢰할 것이다. 어떤 경제적 여건에 놓여 있든지, 내 상황이 어렵고 위협적으로 느껴지든지 간에 말이다.

나는 하나님 나라에서 정치적으로 올바른 사람이 되고자 한다. 이 글을 쓰는 동안에도 내 육신이 더 새로워지고 내 영혼이 더 많은 훈련을 받아야 한다고 느낀다. 내가 확실히 아는 것은 내 주님이 연단에 서서 그의 반대편 진영을 향해 자신의 공약을 외치실 필요가 없으며, 무엇이 정치적으로 옳고 그른지에 대해 내가 눈에 불을 켜고 판단하여 투표해야 할 필요가 없다는 것이다. 거룩한 나라의 왕은 언제나 옳고 언제나 공정하며 언제나 나를 지키신다. 바로 그 나라가 내 인생과 내 자손과 자손의 자손들을 위해 내가 원하는 나라다.

주여, 어째서 이런 일이?

오늘의 말씀_ 사사기 6:13

기드온이 그에게 대답하되 오 나의 주여 여호와께서 우리와 함께 계시면 어찌하여 이 모든 일이 우리에게 일어났나이까…

하나님은 분명 보호하신다고 약속했는데 어째서 이런 뼈아픈 시간을 보내게 하시는지 의문을 품은 적이 있는가? 기도하고 성경도 읽고 예배에도 빠지지 않고 십일조도 드렸는데… 나를 에워싼 압박들이 풀어질 것 같지 않게 느껴지던 순간.

바로 그런 순간이 기드온에게도 있었다. 미디안 사람들은 이스라엘 백성을 발밑에 깔린 카펫처럼 짓밟았다! 그들은 이스라엘 백성의 가축과 양과 나귀와 소를 약탈했다. 추수 때가 다가오자 미디안 사람들은 땅을 차지하고 낙타가 곡식을 몽땅 집어 삼키게 했다. 성경은 그 낙타들이 마치 메뚜기 떼 같다고 했다. 이스라엘 사람들은 헐벗었으며 침략자들을 피해 동굴로 숨었다. 심지어 기드온도 하나님의 천사가 나타날 때 웅덩이에 숨어 있었다. 천사는 기드온에게 말을 걸었다. "왜 이렇게 하고 있습니까? 자신이 누구인지 모릅니까? 당신은 가장 높으신 하나님의 자녀입니다!"

그러자 기드온이 이렇게 대답했다. "오, 내 주여. 만약 하나님이 우리와 함께 계신다면 어째서 이 모든 일이 우리에게 일어났겠습니까?"

그 후에 진행된 이야기를 보면, 기드온이 자신의 위치를 인식하지 못해 적들이 그의 소유를 훔치고 파괴하도록 내버려두었었다는 사실을 알게 된다. 기드온은 하나님의 능력을 가지고 있었다. 사실 하나님은 그분이 기드온을 도울 것이므로 미디안 사람들을 이기는 것은 한 사람을 이기는 것과 다름없다고 말씀하셨다.

어디선가 들어본 낯익은 이야기 아닌가? 매달 밀려오는 공과금과 카드 비용을 결제하고 나면, 공들여 추수한 곡식을 철모르는 낙타들이 다 먹어버린 듯 허탈하지 않은가? 세상의 온갖 압력을 행사하는 적들에게 둘러싸여 있다고 느끼는가? 사방이 막힌 캄캄한 방에 갇혀 있는 것 같아 그곳을 피해 마냥 숨고 싶다고 생각한 적은?

우리는 자신이 왕이신 그리스도 안에 있는 사람이라는 사실을 너무 자주 잊고 산다. 그리고 주님이 십자가에서 승리하여 우리에게 주신 능력에 다가가지를 않는다. 그리스도께서 죄에서 승리하신 것같이 우리도 승리를 누려야 하지만, 웅덩이에서 숨죽인 채 적들이 우리를 탈취하고 죽이며 파괴하도록 넋 놓고 바라보고 있다.

기드온은 자신의 잘못을 깨달은 뒤 모든 것을 하나님 앞에 바로 세우며 전쟁을 준비한다. 그는 자신의 총사령관이신 하나님을 신뢰했다. 그는 하나님이 그에게 하라고 말씀하신 모든 일을 행함으로써 침략자들을 이기고 이스라엘 백성이 그들에게 빼앗겼던 모든 것을 되찾았다.

우리도 그와 같이 할 수 있다! 사사기 6장과 7장을 읽어보자. 그리고 성경 안에서 자신을 발견하라. 그리스도 안에 있는 자신의 정체성을 발견하고 기드온이 다가갔던 그 하나님께 다가가자. 승리는 우리의 것이지만 우리는 그것을 쟁취해야 한다.

나의 적이 무엇인지 찾아내어 그 전쟁에서 사용할 나만의 무기로 자신을 보호하고 하나님 우편에 앉아 계시는 총사령관과 함께 전투를 벌여야 한다. 주님께는 오직 승리만이 있으며 그 승리는 먼저 가져가는 사람, 당신의 몫이다!

10일

선한 일에 마음을 두라

오늘의 말씀_ 로마서 8:5

육신을 따르는 자는 육신의 일을, 영을 따르는 자는 영의 일을 생각하나니

힘든 하루를 보냈는가? 모든 노력을 쏟았지만 무슨 이유에서인지 염려나 원망을 떨쳐버리지 못하고 여전히 그것을 마음에 품고 있는가?

이러한 때는 육신이 우리를 지배하고 있는 시기이므로 우리는 자신의 영을 북돋우어 우리 삶에 마땅한 권세와 지위를 찾아야만 한다. 물론 그렇게 하는 것이 말처럼 쉽지 않다는 것을 나도 잘 안다. 그래서 그런 힘겨운 시절을 뚫고 나갈 수 있게끔 현실적인 도움을 주고 싶다.

개인적인 간증을 잠깐 나누면, 2007년은 내 인생에서 가장 힘든 시기였다. 부동산 투자회사를 운영하고 있었는데, 부동산 시장이 변화하면서 소득은 없고 매달 수천 달러를 지불해야 할 의무만 남았다. 즉각적인 해결책은 없었다. 빚을 지지 않을 것이며 부채가 없는 삶을 살겠다고 하나님께 약속한 바가 있었다.

가장 먼저 염려라는 괴물이 나를 덮쳤다. 울면서 하나님께 도와달라고 간청하고 애걸했다. 이토록 절망적인 상황은 없었다. 하지만 바로 그

때 하나님 나라의 원칙에 따라 그분의 방식대로 사는 것에 대해 배웠다. 정말 모든 지식을 넘어서는 평강을 경험했다. 세상의 기준에서 보면, 걱정의 벽을 오르고 있었지만 하나님께 관심을 돌렸다. 기도하고 말씀을 읽고 주님을 예배하고, 설교나 오디오 성경을 들었다. 내 마음에 염려가 물러날 때까지 필요한 일은 무엇이든 했다.

친구와 가족에게 불평하는 대신 하나님의 말씀을 읽었고, 내 마음과 정신이 그분의 이끄심에 열려 있도록 최선을 다했다. 그것이 거듭되자 주님이 나를 돌아보셨다. 주님은 내게 그분을 믿고 그분께 붙어 있으라고 거듭 말씀하셨다.

나는 여러 해 동안 기독교 작가로 활동해왔지만, 처한 상황 때문에 글쓰기에서 멀어진 채 부동산 투자를 하게 되었다. 그런데 이 일을 겪는 동안 내가 다시 글을 쓰기를 하나님이 원하신다는 사실이 분명하게 느껴졌다. 부동산 투자의 문은 순식간에 닫히고 말았다. 감사하게도 그런 어려움 속에서 가장 높으신 분의 비밀 피난처를 찾는 것을 배웠다. 그러자 주님은 내게 글 쓰는 일을 주시기 시작했다! 무엇을 쓸지를 내게 보여주신 것이다.

그 여정은 진정 믿음을 향한 싸움이었다. 이것은 하나님의 말씀에 따라 살며 행동하는, 믿음으로 걷는 길이다. 그 길이 늘 평탄하지는 않았지만 충만했고 그 보상은 내가 이전에 알던 그 어떤 것보다 더 훌륭했다.

내가 확실히 아는 한 가지가 있다. 하나님은 우리를 위해 오직 승리만을 생각하신다는 것이다. 그분은 항상 모든 문제에서 벗어나는 확실한 길을 갖고 계신다. "이것을 너희에게 이르는 것은 너희로 내 안에서 평안을 누리게 하려 함이라 세상에서는 너희가 환난을 당하나 담대하라 내가 세상을 이기었노라"(요 16:33).

우리가 '주님 안에' 있기 위해서는 어떻게 해야 할까? 그분의 말씀을 공부하고 묵상하여 그것이 우리 안에서도 진리가 되도록 해야 한다. 단순히 좋은 철학이나 종교의 한 부분으로 아는 것이 아니다. 진리가 책장 속에서 나와 우리 마음으로 들어와 그곳에서 번성할 때 하나님이 원하시는 대로 우리를 평화와 충만으로 인도하실 것이다. 하나님의 생각에 우리가 순종할 때 우리는 진정으로 자유하게 된다!

예수님은 당신에게 이렇게 말씀하신다. "그러므로 예수께서 자기를 믿은 유대인들에게 이르시되 너희가 내 말에 거하면 참으로 내 제자가 되고 진리를 알지니 진리가 너희를 자유롭게 하리라"(요 8:31-32).

예수님은 우리가 그분 안에 살기를 원한다고 말씀하신다. 그분은 우리가 육신에 이끌리는 존재를 넘어 성령이 이끄시는 삶을 선택하기를 원하신다. 그분은 길이요, 진리요, 생명이 아닌가!

11일

살아 있는 물

오늘의 말씀_ 요한복음 7:37-38

명절 끝날 곧 큰 날에 예수께서 서서 외쳐 이르시되 누구든지 목마르
거든 내게로 와서 마시라 나를 믿는 자는 성경에 이름과 같이 그 배에
서 생수의 강이 흘러나오리라 하시니

물은 다니엘 금식에서 중요한 요소다. 다니엘 금식 기간 동안 우
리가 마시는 유일한 음료는 물이다. 금식 기간에 생명을 유지하려면 안
전한 물에 의존할 수밖에 없다. 사실 이 묵상을 쓰기 바로 전, 나는 키
우고 있던 바질 화분에 물 주는 것을 깜빡하고 말았다. 그 불쌍한 어린
식물은 줄기가 휘고 잎이 마르기 시작했다. 아무래도 죽을 것 같다는
생각이 앞섰지만 일단 물을 주기로 했다. 물을 주자 그 여린 나무는 한
시간 만에 되살아나서 생기가 느껴지고 푸르름이 돌아왔다. 물을 주었
기 때문이다.

오늘 말씀에서 예수님은 다른 종류의 물에 대해 가르치신다. 그것은
성령이 주는 살아 있는 물 곧 생수다. 주님은 목이 마를 때 그분께 와서
마시라고 말씀하신다.

인생을 많이 경험한 여자(인생 후반기에 들어서 있는 사람에게 내가 쓰는

표현이다)이자 성숙한 그리스도인인 나는 그분의 살아 있는 물을 마시기 위해서 예수님께로 돌아가는 교훈을 배워왔다. 이런 귀중한 원칙을 배울 수 있게 도와준 분은 텔레비전 토크쇼 진행자이자 심리학자인 필 맥그로우(Phil McGraw) 박사다.

필 박사는 어려운 시기를 지나고 있는 부부들에게 이혼을 선택해서는 안 된다고 지침을 내린다. 서로를 향해 돌아서서 문제를 함께 해결해야 한다고 조언한다. 특별히 이 말은 무릎이 부들부들 떨릴 정도로 인생의 압박을 느끼고 있던 내 영혼을 울렸다. 해결책을 얻으려고 세상을 바라보거나 두려움과 의심에 사로잡혀 있는 대신, 나는 나의 대제사장께로 몸을 돌렸다. 그분께 부르짖으며 그분의 조언과 위로와 평강을 간구했다.

오, 우리 주님은 얼마나 신실하신지! 그분은 우리의 소리를 듣고 위로하신다. 그분은 말씀과 기도와 성경 묵상과 스승과 친구들을 통해 역동적인 생명을 주는 방식으로 나를 이끄셨다. 그분은 어두운 곳에서 빠져나오도록 나를 인도하시고 나 혼자서는 절대로 생각하지 못했을 해결책을 보여주셨다.

나는 예수님이 넉넉히 주신 생수를 마셨다. 내가 회복되자 다른 사람들에게 살아 있는 물을 권할 수 있게 되었다. "그 배에서 생수의 강이 흘러나오리라"라는 예수님의 말씀이 그 뜻이었다.

그 경험 이후 나는 하나님의 말씀에서 흘러나오는 생수를 흠뻑 마시기로 마음을 정했고, 하나님의 강하고 능력 있는 여성으로 조금씩 변화하고 있는 나 자신을 발견했다. 나는 이 과정을 어둡고 탁한 물이 담긴 유리 주전자에 비유하곤 한다. 유리 주전자에 세상의 탁한 물이 가득 담겨 있다. 다른 유리 주전자에는 하나님의 말씀에서 나온 맑은 생수가 가득하다. 만약 내가 그 주전자를 비우고 세상의 물로 채운다면 전과 마찬가지로 탁할 것이지만, 비운 주전자에 하나님의 말씀이라는 생수를 채운다면 그 물은 마셔도 좋고 다른 사람에게 권해도 좋을 것이다.

다니엘 금식을 진행할 때 당신 마음속에 부어지는 물의 근원이 어디인지 잘 살펴야 한다. 예수님의 살아 있는 물인가, 아니면 세상의 오염된 물인가? 생명을 선택해야 한다. 살아 있는 물을 선택해야 한다. 그 물은 달고 안전하며 당신의 목마름을 진실로 해결할 것이다. 일단 당신이 생수로 가득 차야만 그 물이 당신의 삶에서 흘러넘쳐 다른 사람들의 갈증도 해소하도록 도울 수 있을 것이다. 아멘!

12일

위의 것을 생각하라

오늘의 말씀_ 골로새서 3:1-2

그러므로 너희가 그리스도와 함께 다시 살리심을 받았으면 위의 것을 찾으라 거기는 그리스도께서 하나님 우편에 앉아 계시느니라 위의 것을 생각하고 땅의 것을 생각하지 말라

다니엘 금식을 하던 어떤 부인이 얼마 전 이런 질문을 했다. 금식하는 동안 간식을 어느 정도나 먹어도 되느냐는 것이었다. 나는 간식 시간이 되기 '전'에 그날 먹을 간식 양을 정해놓으라고 충고했다. 예컨대 오후 간식으로 아몬드 열두 알이면 되겠다고 결정했다면 그 양을 고수하라고 했다.

부인의 질문을 받고 골로새서 3장 2절 말씀이 떠올랐다. '위의 것을 생각하라.' 이 말씀은 금식 훈련을 하는 우리에게 중요한 원칙이다. 우리의 마음을 정하고, 일단 결정을 했으면 그 결정을 고수해야 한다. 이것은 금식에서도 마찬가지다. 우리는 어떤 음식은 괜찮고 어떤 것은 안된다는 결정을 내렸다. 그러면 금식 기간 동안은 우리의 결정을 바꾸지 않아야 한다.

숙고해서 결정함으로써 우리는 고통과 괴로움 등에서 구해질 수 있

다. 예컨대 나는 여러 해 전 남의 험담을 하지 않겠다고 결정 내렸다. 다른 사람에 대해 부정적인 이야기를 하거나 사적인 정보를 누설하지 않겠다고 마음먹었다. 물론 이 약속을 놓고 볼 때 내가 100퍼센트 완벽했다고는 할 수 없지만 매우 근접해 있다. 험담과 관련해 경계선에 놓였던 몇 번은 그것을 의식하고 곧바로 회개했다. 용서를 구하고 해결을 위해 나아갔다.

몇 주 전, 동업자이자 귀한 친구인 스티브와 점심을 같이 먹었다. 그는 일종의 '전도 대상자'였다. 스티브를 못 만난 지 몇 년이 되었기에 그동안의 일을 묻느라 바빴다. 그는 누군가가 나에게 잘못을 저질렀던 어떤 상황에 대해 물었다. 나는 그 사람에 대한 원망과 험담을 쏟을 기회를 만났지만 그렇게 하지 않기로 했다. 그 대신 잘못을 저지른 그 사람에 대한 객관적인 이야기를 했다. 그러자 스티브가 감탄을 했다. "당신을 안 지 오래되었지만 다른 사람에 대해 나쁜 말을 하는 것을 한 번도 들어본 적이 없어요."

와! 나는 스티브의 말이 나를 향한 축복임을 느꼈다. 그는 내 행동의 일부를 보고, 내 속사람이 내 안에 살아 계신 그리스도께 속했다고 치켜세운 것이다. 내가 위의 것에 마음을 정하자 그것이 스티브에게 긍정적인 증거가 되었다.

우리 삶에는 "위의 것을 생각"하거나 하나님의 명령을 생각해야 하는 지점들이 있다. 예컨대 성경은 하나님 앞에 절대로 빈손으로 가지 말라고 한다. 지난주에는 바로 그 명령에 충격을 받았다. 교회에 가서 아무것도 드리지 않고 온 때가 여러 번 있음을 깨달았기 때문이다. 나는 대체로 매달 초에 즐거운 마음으로 십일조를 한다. 하지만 십일조를 하지 않는 다른 주일에는 아무것도 드리지 않았다.

하나님은 그분 앞에 나아갈 때 빈손으로 가지 않아야 한다는 감동을 주셨다. 나는 그 명령을 따르기로 결심했다. 이제는 언제나 주님 앞에 드릴 무엇인가를 가지고 집을 나설 것이다. 교회에서 커피를 마실 때 같이 먹을, 집에서 만든 쿠키를 들고 갈 수도 있을 것이다. 교회 학교를 위한 선물을 가져갈 수도 있고 수감자들을 위해 책을 기부할 수도 있을 것이다. 또한 우리 몸인 교회가 하는 선교를 위해 물질적 헌금을 할 때도 있을 것이다.

내가 마음을 정한 또 다른 분야는 다른 사람에게 '사랑의 빚 외에는 지지 않는 것'이었다. 2007년 가을, 나는 그 누구에게도 더 이상 돈을 빌리지 않겠다는 결정을 내리고 가능하면 빚 없이 살겠다고 결심했다.

신명기 28장 12절은 "…네가 많은 민족에게 꾸어줄지라도 너는 꾸지 아니할 것이요"라고 말한다. 그래서 나는 빚에서 자유롭게 살기로 계획했다. 다시는 절대로 대출을 하지 않겠다고 나 자신과 약속했다. 이 결심을 계속 지킴으로써 나는 "피차 사랑의 빚 외에는 아무에게든지 아무 빚도 지지 말라 남을 사랑하는 자는 율법을 다 이루었느니라"(롬 13:8)라는 말씀을 선포할 수 있게 될 것이다.

이러한 것들은 우리가 "위의 것을 생각"하는 원칙에 대한 표면적인 예일 뿐이다. 핵심은 하나님의 방법대로, 그리스도의 형상대로 살기 원한다면, 의식적으로 그에 맞는 결정을 하고 그 결정을 고수해야 한다는 것이다. 우리는 그 결정이 필요한 시점이 되기 전에 이미 그러한 결정을 내리고 있어야 한다.

우리는 과하게 소비하거나 과식하거나 지나친 유흥을 하지 않겠다고 결심할 수 있다. 그리스도의 제자로서 포르노를 보지 않겠다고, 직장 동료와 불건전한 관계를 발전시키지 않겠다고, 우리 자신과 다른 사람에게 해가 되는 일들에 빠지지 않겠다고 결정할 수도 있다. 매주 교회에 가겠다, 가난한 사람들과 나누겠다, 기도를 통해 매일 주님과 만나는 친밀한 교제의 시간을 갖겠다고 결심할 수도 있다.

우리는 위의 것에 마음을 두라고 부름 받았다. 그 말이 당신과 당신의 삶에 어떤 의미가 있는가? 성령께서 당신을 어떤 부분에서 위의 것으로 변화시키실 것인가? 그리고 그 결단을 지키겠다는 최상의 결단을 하도록 성령께서 도전하고 계시지 않는가?

지금 당장 시간을 몇 분 내어 주님의 말씀을 들어보자. 당신의 삶에서 위의 것에 마음을 두어야 하는 것이 무엇인지 그분께 여쭤보자. 그리고 주님과 약속하고, 당신을 인도하사 그 결심을 지킬 수 있도록 성령께 도움을 청하자. 하나님의 복이 임하길!

13일

너희를 향한 나의 생각을 내가 아나니

오늘의 말씀_ 예레미야 29:11

**여호와의 말씀이니라 너희를 향한 나의 생각을 내가 아나니 평안이요
재앙이 아니니라 너희에게 미래와 희망을 주는 것이니라**

내가 아주 좋아하는 성경 구절이다. 얼마나 힘이 되는 약속의 말
씀인지 모른다. 나에 대한 하나님의 계획은 재앙이 아니라 번영(pros-
per, 새번역)이며, 미래에 희망을 주려는 것이다. 그것이 바로 복음이다.

그러면 우리의 아버지이자 창조주인 하나님이 우리를 위해 갖고 계
신 계획을 어떻게 발견할 수 있을까? 벽에 글씨가 나타나 써지기까지
기다려야 할까? 택배 기사가 문 앞으로 가져올 때까지 기다려야 할까?
그렇지 않다고 생각한다. 하나님의 말씀에 민감한 심령으로 미래에 대
한 꿈을 꾸며 계획을 세울 때 주님이 우리를 위해 품은 최고 목표에 다
가가게 될 것이다.

주님 앞에 잠잠히 있어 자신을 드리고 성령의 도움을 구하는 것은 강
력한 경험이다. 성령이 당신을 통해 일함으로써 당신을 위한 하나님 아
버지의 계획을 보여주시기를 구해야 한다.

장·단기적인 목표를 세우면 당신 마음에 심은 꿈과 성취를 위해 주님

이 당신을 이끌어 이루시게 할 것이다. 주님이 당신에게 하라고 하신 모든 선한 일들에 대해 하나님은 도구를 제공하실 것이다. 하지만 잊어 버린 소망과 꿈이 무엇인지 자신의 마음을 살펴서 찾아내야 한다. 그리고 그것들을 이룰 목표를 세워야 한다.

그런데 사람들은 대체로 자신의 꿈에 다가가기 위해 어떻게 삶의 목표를 세워야 하는지 배우지 못했다. 목표 없이 인생 여정을 살아가면서 가는 도중에 찾아내려 한다. 슬프게도 이러한 방식은 대개 실망스러운 결과를 낳는다. 우리는 다른 접근법을 선택해야 한다.

목표를 세우고 기록하는 것은 성공으로 향하는 증명된 방법이다. 하나님이 우리의 목표와 계획을 든든히 뒷받쳐주고, 보호해주고, 힘을 준다면 얼마나 대단한 결과를 얻을지 생각해보라! 그러니 계획하고 기록하는 일을 하지 않을 이유가 어디 있는가? 더구나 우리를 향한 하나님의 계획을 발견할 수 있는 묵상을 위해 시간과 에너지를 투자하는 것은 당연하다.

나는 비그리스도인이든 그리스도인이든 그 답이 다르지 않다고 생각한다. 사람들은 목표의 중요성을 잘 모른다. 계획과 목표 수립의 가치를 모르는 사람은 그 일을 하지 않을 것이다. 상당수 사람이 목표를 세우는 법, 그 목표를 이룰 계획을 만들어내는 방법을 모른다. 또 어떤 사람은 거절이나 실패를 두려워한다.

성경을 통해 하나님은 세밀한 계획을 하시는 분임을 보여준다. 그분은 우주를 엿새 동안 창조하실 계획을 하셨다. 성막이 어떻게 건축되어야 하는지 정교하고 상세히 계획하셨다. 우리 머리카락 수와 우리에게 남은 날 수를 헤아리신다.

또 하나님은 기록을 좋아하신다. 몇 가지만 예로 들자면 십계명, 하나님의 말씀, 하박국에게 받아 적으라고 하신 계획들이 있다. 예레미야 29장 11절에서 하나님은 우리를 위한 계획이 있다고 하신다! 하지만 그 계획이 행동으로 옮겨지려면 우리가 반드시 행동해야 할 부분이 있다.

나는 이 말을 좋아한다. "자신이 가진 비전보다 더 높아질 수는 없다." 그 격언에는 위대한 진리가 담겨 있다. 자신을 위해 어떤 비전을 품고 있는가? 당신을 위해 하나님이 품고 계신 계획을 알고 있는가? 당신의 미래에 대해 무엇을 보고 있는가? 이 질문에 대한 답은 우리가 잘되고 성공하기를 하나님이 원하신다는 것을 깨닫고, 목표를 세우고 우리 삶을 위한 계획을 발전시킬 때 할 수 있다.

그러면 꿈을 꾸고 계획을 세우고 목표를 적어보는 데 필요한 것은 무엇일까? 바로 하나님이 우리를 위해 품고 계신 그 미래를 우리가 바라며 행동하겠다는 결단이다. 이런 말을 들어보았을 것이다. "오늘은 당신에게 남아 있는 인생의 첫날이다." 당신 앞에 당신의 남은 인생이 놓여 있다. 내일부터가 아니다. 당장 오늘 시작해야 한다. 당신이 가족에게, 직업에서, 믿음에 대해, 그리고 건강에 대해 바라는 것은 무엇인가?

하나님의 계획과 그 실현을 가로막는 걸림돌을 결코 그냥 두어서는 안 된다. 하나님 앞에 잠잠하여 그분의 말씀을 듣고 우리의 미래를 상상하며 계획하고, 그 계획을 써내려가는 최상의 결단의 시간을 지금 바로 가져야 한다.

14일

얽매임에서 벗어나라

오늘의 말씀_ 민수기 13:30

갈렙이 모세 앞에서 백성을 조용하게 하고 이르되 우리가 곧 올라가
서 그 땅을 취하자 능히 이기리라…

하나님이 모세에게 정탐꾼 열두 명을 약속의 땅으로 보내라는 지
시를 내리셨다. 이 이야기를 기억하는가? 하나님은 이스라엘 백성을 이
집트에서 이끌어내어 홍해를 가르는 놀라운 기적을 일으키고 노예 생활
에서 자유롭게 하셨다. 이스라엘 백성이 광야에서 지내는 동안 하나님
은 하늘에서 내리는 만나로 이들을 먹이셨으며, 메추라기를 보내셨다.
그들이 존립할 수 있는 제도와 기반을 하나님이 만들어주셨지만, 이스
라엘 백성은 여전히 불평하며 투덜댔다. 마침내 그들은 여정을 마치고
약속된 땅에 가까이 가게 되었다.

하나님은 이미 그 땅을 약속하셨지만 실제 그들의 소유가 되려면 먼
저 그 땅이 어떠한지를 알아야 했다. 그래서 정탐꾼들을 40일 동안 가
나안에 보내어 어떤 곳인지 보고 오도록 했다. 정탐꾼 중 열 명은 돌아
와 부정적인 보고를 했다. "비옥하고 풍요롭고 젖과 꿀이 있는 땅이지만
적들은 거대했습니다. 그 땅에 사는 사람들은 덩치가 크고 사나워 후줄

근한 이스라엘 백성이 극복하기에는 너무 버거운 상대입니다."

다만 갈렙과 여호수아만 다르게 보았다. 그 두 사람 역시 젖과 꿀이 흐르는 땅을 보았고, 그들이 상대해야 할 힘 있는 거주민들도 보았다. 그러나 그들은 하나님을 믿었으며 하나님이 약속하신 그 땅을 차지할 수 있도록 하나님이 자신들을 도울 것이라고 신뢰했다. 그들은 하나님의 말씀을 그대로 받아들였다.

그렇다면 많은 사람은 무엇을 믿었던 것일까? 그들은 미래에 대한 비전을 어떻게 그렸는가? 노예 정신에 물들었던 이스라엘 백성은 고난에 익숙해져 있었다. 그것이 그들의 안전 지대였다. 하나님이 그들에게 좋은 것으로 축복했을 때도 그들은 여전히 투덜댔다. 이집트를 나왔지만 마음가짐은 이집트 노예에서 빠져나오지 못했던 것이다. 그래서 그들은 부정적인 보고를 진리로 받아들였고 나머지 인생을 사막에서 헤맸던 것이다.

우리는 이 이야기의 끝을 안다. 하나님은 새로운 세대의 지도자들에게 그분이 약속하신 것을 얻는 데 필요한 모든 도움을 주셨다. 그들에게는 어떤 무기가 필요했을까? 믿음, 즉 하나님을 믿는 믿음과 하나님이 말씀하신 일을 반드시 행하실 것이라는 신뢰였다.

우리는 이스라엘 백성이 방황하는 안타까운 장면을 보면서 그들과 우리는 다르다고 상상한다. '내가 그 당시에 살았더라면 나는 갈렙과 여호수아처럼 하나님을 신뢰할 거야.' 하지만 정말 그럴 수 있을까? 우리를 마비시키고 해를 끼치는 다른 믿음의 족쇄에 차여 있는 것은 아닐까?

무능함, 죄책감, 옛 땅에서 영원히 방황할 것이라는 비참한 사고를 하게 만드는 수치심이라는 굴레를 벗어나지 못하는 사람들이 얼마나 많은가? 진리의 탈을 쓴 전통에 물든 선조들의 행태를 그대로 따르고 있는 사람들이 얼마나 많은가? 두려움과 염려에 짓눌려 고귀한 약속을 선포하신 하나님에 대한 신뢰를 위태롭게 하는 사람은 또 얼마나 많은가?

지금 인생 여정 가운데 어디쯤 와 있는지와 상관없이 당신 앞에 있는 열 명의 비관론자와 비관론자들을 믿는 수많은 사람과 같이 될 가능성이 우리에게 있다. 반대로, 믿음으로 앞으로 나아가 하나님이 그들에게 주시기 원하는 모든 것을 이루는 소수의 사람들처럼 될 수도 있다. 그 선택은 우리의 것이다. 우리는 하나님의 약속을 이루지 못할 수도 있지만 승리를 쟁취할 수도 있다!

하나님이 우리를 부르신 신명기 30장 19절을 기억하자. "내가 오늘 하늘과 땅을 불러 너희에게 증거를 삼노라 내가 생명과 사망과 복과 저주를 네 앞에 두었은즉 너와 네 자손이 살기 위하여 생명을 택하고.”

앞으로 나아와 생명을 선택하자!

15일

그리스도 안에 뿌리를 박고 믿음에 굳게 서라

오늘의 말씀_ 골로새서 2:6-7

그러므로 너희가 그리스도 예수를 주로 받았으니 그 안에서 행하되 그 안에 뿌리를 박으며 세움을 받아 교훈을 받은 대로 믿음에 굳게 서서 감사함을 넘치게 하라

우리가 살고 있는 세상이 격변기에 놓여 있다는 것에는 모든 사람이 동의할 것이다. 경제, 사회, 세계정세 등 어느 것 하나 위태롭지 않거나 불안하지 않은 것이 없다.

이런 상황에서 2,000년 전 사도 바울의 이야기는 오늘을 사는 우리에게 시의적절한 메시지를 준다. 안정감을 얻으려면 우리는 그리스도와 그분의 방식에 뿌리를 내리고 제대로 세워져야 한다. 우리에게 어떤 압박이나 염려 혹은 시험이 닥치더라도 우리를 세우시고 강하게 해주시는 분이 계신다. 바로 그리스도 예수이시다.

우리가 그리스도 안에 뿌리를 박고 세움을 입으려면 어떻게 해야 할까? 우리 삶의 모든 분야에서 제일 첫째 자리에 주님을 모시면 된다. 삶의 모든 부분이란 결혼 생활, 자녀 양육, 우정, 직업, 일, 재정, 오락, 봉사활동, 공부, 미래를 위한 계획 등을 말한다.

예수님은 우리와 항상 함께 계실 것이라고 말씀하셨다. 얼마나 위로가 되는지…. 히브리서 기자는 이렇게도 말했다. "모든 사람은 결혼을 귀히 여기고 침소를 더럽히지 않게 하라 음행하는 자들과 간음하는 자들을 하나님이 심판하시리라 돈을 사랑하지 말고 있는 바를 족한 줄로 알라 그가 친히 말씀하시기를 내가 결코 너희를 버리지 아니하고 너희를 떠나지 아니하리라 하셨느니라"(히 13:4-5).

예수님이 우리 안에 계시며 우리와 함께 계신다는 말씀은 우리에게 주신 약속이다. 그래서 우리는 "주님, 주님은 이 일에 대해 무어라고 말씀하시겠습니까?"라고 우리 입술로 물을 수 있다. 하나님의 말씀 안에서 하나님의 지혜를 구하는 일을 일상적으로 실천할 수 있다. 하지만 그래도 여전히 어떻게 해야 할지 잘 모르겠다면, 그리스도 안에서 성숙한 신앙을 가진 친구나 목회자의 경건한 조언을 구할 수 있다.

뿌리를 박는다는 말은 깊이 들어간다는 의미다. 그것은 시간과 에너지를 하나님과 그분의 방법을 아는 것에 투자하며, 주님과 친밀한 관계를 누릴 수 있도록 주님과 함께하는 경건의 시간을 가진다는 뜻이다. 뿌리가 깊이 박히면 박힐수록 우리는 더 큰 안정감을 얻게 될 것이다. 폭풍이 우리 삶에 몰아칠 때도 중심까지 뿌리째 뽑히지는 않을 것이다. 우리가 무엇을 해야 하며 어디로 가야 할지 알 수 있을 것이다.

그런 삶은 야고보서 1장 2-8절의 말씀을 보면 잘 알 수 있다. "내 형제들아 너희가 여러 가지 시험을 당하거든 온전히 기쁘게 여기라 이는 너희 믿음의 시련이 인내를 만들어내는 줄 너희가 앎이라 인내를 온전히 이루라 이는 너희로 온전하고 구비하여 조금도 부족함이 없게 하려 함이라 너희 중에 누구든지 지혜가 부족하거든 모든 사람에게 후히 주시고 꾸짖지 아니하시는 하나님께 구하라 그리하면 주시리라 오직 믿음으로 구하고 조금도 의심하지 말라 의심하는 자는 마치 바람에 밀려 요동하는 바다 물결 같으니 이런 사람은 무엇이든지 주께 얻기를 생각하지 말라 두 마음을 품어 모든 일에 정함이 없는 자로다."

우리는 모든 방식에서 안정되고 믿음이 단단하고 하나님의 방식을 확신하는 삶을 누려야 한다. 시간을 몇 분 내어 다음 질문을 스스로에게 해보자.

- 어떻게 하면 그리스도 안에 더 깊이 뿌리 내릴 수 있을까?
- 하나님과 그분의 방법을 아는 지혜를 자라게 하는 방법 세 가지는 무엇일까?

- 하나님의 말씀을 공부하며 그분의 진리 안에 단단히 서겠다는 목
  적으로만 시간을 따로 떼어둔다면 언제가 가장 적당할까?

그리스도 안에서 자랄 계획을 세우자. 그리하여 어려운 시기가 와도
준비되어 있도록 하자! 우리 하나님이 우리에게 '오라'고 손짓하신다.
주님이 부르실 때 우리는 응답해야 한다. 당신을 부르는 주님의 소리
가 들리지 않는가?

16일

떡만으로는 살 수 없다

오늘의 말씀_ 마태복음 4:3-4

시험하는 자가 예수께 나아와서 이르되 네가 만일 하나님의 아들이어
든 명하여 이 돌들로 떡덩이가 되게 하라 예수께서 대답하여 이르시
되 기록되었으되 사람이 떡으로만 살 것이 아니요 하나님의 입으로부
터 나오는 모든 말씀으로 살 것이라 하였느니라 하시니

당신이 다니엘 금식을 시작한 지 벌써 2주가 지나고 있다. 아마
도 못 견딜 듯한 허기와 음식에 대한 갈망의 시기는 지났을 것이다. 하
지만 아직 발효된 빵은 먹을 수 없기에 오늘 이 말씀은 바삭거리는 프
랑스식 파이나 모닝베이글을 먹을 수 있을 때 읽었던 것보다 더욱 의미
있게 다가올 것이다.

다니엘 금식을 함으로써 얻는 유익 한 가지는 내가 먹는 음식에 대해
더욱 민감해질 수 있다는 점이다. 그런 각성이 앞으로 몇 달 아니 몇 년
동안 당신의 건강을 증진시킬 좋은 습관으로 남으면 좋겠다.

더불어 이러한 각성은 우리가 무엇을 영과 혼의 양식으로 삼고 있는
지도 알게 해준다. 우리 영혼의 영양은 충분한가? 온전한 음식을 먹고
있는가, 아니면 오염된 물질이 들어간 것을 먹고 있는가?

예수님은 우리가 물질적인 빵만으로는 살 수 없으며, 그보다 더 중요하게는 하나님의 말씀에서 영적 양식을 찾아야 한다고 가르치신다. 우리 몸에 날마다 영양을 공급해야 하는 것과 마찬가지로 우리 영에도 그렇게 해야 한다.

　우리가 섭취하는 주식은 성경에서 오지만 '반찬'도 먹어야 할 것이다. 기독교 서적, 설교, 성경 공부, 방송 설교 등이 그러한 것들이다. 그렇게 날마다 하나님의 거룩한 말씀 안에 잠기는 시간을 가져야 주님이 우리에게 말씀하실 수 있고 우리를 경영하실 수 있다.

　우리 영혼에 건강한 식생활을 생활화해 사망이 아닌 생명을 얻도록 해야 한다. 하나님 아버지는 우리에게 생명과 사망의 선택권이 있다고 하시며, 우리에게 생명을 선택하라고 말씀하신다. 이 선택은 사람들, 미디어, 인터넷, 텔레비전, 책, 대화, 그리고 우리가 접하는 모든 영향력 있는 것들을 통해 우리 정신에 들어온 정보를 다룰 때도 해당한다.

　혹시 당신의 영혼에 최상이 아닌 것들을 입력하고 있지는 않은가? 당신이 시청하는 텔레비전 프로그램은 건강한가? 혹시 타락한 내용, 유독한 정보를 담고 있지는 않은가? 당신이 들고 있는 스마트폰은 어떤가? 접속하는 사이트는? 듣고 있는 라디오 프로그램, 읽고 있는 책은 어떤가? 지금 친구와 나누고 있는 대화 내용은?

우리 몸을 지키고 먹을거리를 고민할 때 현명한 선택을 내릴 필요가 있는 것처럼, 우리의 눈과 귀도 지켜내야 한다. 우리 영혼에 무엇을 넣을지에 대한 것이기 때문이다. 그리고 입을 보호해 우리가 하는 말과 단어에 대해서도 선택해야 한다. 우리 영혼에 하나님의 말씀을 많이 먹일수록 영혼과 몸에 대해 더 많은 관심을 기울이게 될 것이다. 당신의 영혼에 좋은 영양분이 되도록 영혼과 몸에 어떤 먹거리를 넣을 것인지 주의하여 선택해야 한다. 그것이 바로 삶의 모든 영역이 건강해지는 지름길이다.

17일

하나님 나라는 돈 주고 들어가지 못한다!

오늘의 말씀_ 마태복음 19:24

다시 너희에게 말하노니 낙타가 바늘귀로 들어가는 것이 부자가 하나님의 나라에 들어가는 것보다 쉬우니라 하시니

이 성경 말씀은 수많은 그리스도인을 혼란스럽게 하고, 그리스도의 참된 제자는 가난해야 하며 적어도 중산층을 넘어서면 안 된다는 논쟁에 불을 붙인 구절이다.

예수님이 "바늘귀"라고 언급하신 것은 예수님 당시 예루살렘 성을 둘러싼 성벽의 '문'을 가리킬 가능성이 높다. 그 문은 너무 낮아서 낙타 등에 실었던 짐을 다 내려놓고서도 무릎을 굽혀야 간신히 통과할 수 있었다고 한다. 게다가 폭까지 좁아 낙타 주인은 낙타가 그 문을 통과하게 하느라 낙타 몸을 억지로 밀고 낮추는 등 갖은 애를 다 써야 했다.

기본적으로 예수님은 부자가 하나님 나라에 들어가는 것은 불가능에 가깝다는 말을 하고 계신다. 하지만 부자가 하나님 나라에 들어가지 못하는 것은 돈 때문만은 아니다. 돈에 의존하기 때문이다. 예수님은 돈을 가진 사람들은 모든 문제를 자신이 가진 돈에 의존해 해결하려는 경우가 많다는 말을 하고 계신 것이다. 돈에 의지하는 부자들은 하나님

도, 하나님의 방식도 필요하지 않다. 디모데전서 6장 10절에서는 이렇게 가르친다. "돈을 사랑함이 일만 악의 뿌리가 되나니 이것을 탐내는 자들은 미혹을 받아 믿음에서 떠나 많은 근심으로써 자기를 찔렀도다." 그러니까 문제는 돈이 아니다. 악한 것은 돈에 대한 사랑, 의존, 종속이며, 그것은 사람들을 하나님 나라에 들어가기 어렵게 만든다.

오늘날에도 같은 현상이 벌어지고 있다. 사람들은 돈을 벌고 쓰는 데 집중하느라 하나님은 안중에도 없어 보인다. 그런 사람들의 가치는 자신의 성품이나 하나님 아버지와의 관계에 의해서가 아니라, 자신의 지위, 소유 그리고 자랑할 만한 인맥으로 결정된다. 세상의 우선순위는 잡지를 몇 장만 넘겨보아도, 인터넷을 조금만 보아도, 텔레비전 채널을 몇 군데만 돌려봐도 쉽게 보인다. 그런 곳에는 하나님이 없다고 분명히 선언하고 있으나, 사람들의 돈에 대한 사랑은 폭발적이다.

슬프게도 교회에서도 바깥세상과 마찬가지로 그런 가치들이 판을 치고 있다. 우리는 삶의 방향을 찾으려고 세상의 제도를 너무 자주 들여다보고 있는 것 같다. 결과적으로 우리 삶에 대한 하나님의 계획에는 손도 못 대고, 내 삶에 하나님 나라는 이루어지지 않고 있다. 나 또한 그리스도인으로 살아온 그 많은 세월 동안 그런 모습이었다. 중산층의 삶으로 오르는 사다리가 걷어차이고 나서야 나의 공급자 되신 하나님을 바라며 하나님 나라의 삶이 정말로 어떤 것인지를 배우기 시작했던 것이다.

내가 그동안 돈에 의존하고 있었고 내 삶의 방식이 세상의 제도를 따랐다는 것을 깨닫게 된 것은 재정적으로 어려워졌기 때문이었다. 그러나 지금은 하나님 나라에서 살고 있으니 하나님께 감사할 뿐이다. 마침내 그것을 알게 된 것이다. 참으로 좋은 소식은 내 아버지가 그분의 곳간을 열고 내게 쏟아붓고 있다는 것이다.

내가 하나님의 복을 받기 위해 특별히 선택된 사람일까? 그렇다. 우리 모두는 선택받았다. 이제 우리가 하나님을 선택해야 할 일만 남았다. 하나님은 우리에게 그분의 나라에 들어갈 것인지 말 것인지를 선택할 권한을 주셨다. 그분을 따라 살 것인지 세상을 따라 살 것인지, 우리는 선택해야 한다. 그 길은 그리 험하지 않다. 자신의 마음을 점검하여 성령께 드리면 성령은 우리가 변화되어야 할 부분을 보여주실 것이다. 삶의 모든 부분에서 그리스도께서 우리의 주님이 되시도록 할 수 있다. 우리의 재정 문제도 당연히 그렇게 될 것이다.

오늘, 당신의 재정 문제에 대해 주님께 마음을 열어보자. 주님이 당신 재정의 원천이자 감독관이신가? 그분이 당신의 공급자가 되시고 있는가? 주님께 순종함으로써 주님께 더 가까이 나아갈 수 있게 도와달라고 성령께 구해야 한다. 그리하면 당신은 하나님 나라에 온전히 참여할 수 있다. 진실로 그것이 선한 삶이다.

18일

너는 나를 누구라 하느냐?

오늘의 말씀_ 마태복음 16:13-15

예수께서 빌립보 가이사랴 지방에 이르러 제자들에게 물어 이르시되 사람들이 인자를 누구라 하느냐 이르되 더러는 세례 요한, 더러는 엘리야, 어떤 이는 예레미야나 선지자 중의 하나라 하나이다 이르시되 너희는 나를 누구라 하느냐

익숙한 말씀이다. 시몬 바요나는 "사람들이 인자를 누구라 하느냐?"라는 예수님의 질문에 답함으로써 '바위'라는 뜻의 새 이름 '베드로'를 예수님께 얻었다.

오늘 이 말씀을 읽는데 성령께서 당신과 나에게 같은 질문을 해보라고 권유하시는 것이 느껴졌다. "너는 나를 누구라 하느냐?"

이는 우리의 정신이나 지성 또는 전통적인 믿음에 던지는 질문이 아니다. 이 질문은 우리 마음에 던져진다. "너는 나를 누구라 하느냐?"

예수님이 나와 멀어져 우리가 속한 종교적 전통 속 인물이 되어 있지는 않은가? 성탄절이나 부활절에만 예수님을 기념하고 있지 않은가? 주일학교 벽화에만 존재하는 것은 아닌가? 아니라면, 성경이 말하는 구원자이신 그분을 만나게 될 그날을 간절히 기다리고 있는가?

오늘 주님은 우리에게 이렇게 물으신다. "너는 나를 누구라 하느냐?"

내게 예수님은 오랜 세월 동안 멀리 계신 분이었다. 나는 주님에 '대해서' 많이 알고 있었고, 다른 사람들에게 그분에 '대해' 가르치기도 했고, 그분에 대한 감동적인 글을 쓰기도 했다. 그리고 그분께 기도도 많이 했다. 하지만 실제로 그분을 '알기' 시작한 것은 예수님이 내 삶에 더 많이 개입하시기를 내가 간절히 바라게 되면서부터다.

이러한 깨달음은 하룻저녁에 이루어지지 않았다. 나는 주님이 나와 친구가 되고 싶어 하시는 친밀한 방법으로 주님을 찾는 방법을 알지 못했다. 그러다 내 영혼을 그분과 더 친밀한 관계 안에 놓기를 깊이 지속적으로 간구한 때가 있었다. 지금 나는 내가 할 수 있는 최대치로 주님께 '찰싹 붙어' 있지는 못하다. 그러나 날마다 주님께 더 가까이 가고 있다.

야고보서 4장 8절의 말씀을 나는 진리로 믿고 있다. "하나님을 가까이하라 그리하면 너희를 가까이하시리라." 시간을 따로 떼어 잠잠히 지속적으로 주님을 알고자 하는 결단을 하지 않으면, 우리가 원하는 그런 관계는 일어나지 않을 것이다.

그것이 "너는 나를 누구라 하느냐?"라는 질문이 이렇게 가슴 아픈 이유다. 예수님이 우리 삶의 우선순위가 되어 있는가? 아니면, 그분과 교제할 시간이 생기기를 기다리고만 있는가? 예수님을 오래전에 살았던 어떤 인물로, 훗날 천국에서나 만날 분으로 여기고 있지는 않은가?

지난 여러 해를 거치면서 예수님과 나의 관계는 모호한 개념에서 깊이 함께하는 관계로 발전했다. 나는 내 모든 필요를 그분께 구한다. 내가 아침에 가장 먼저 인사하고 하루 종일 대화를 나누는 분도 예수님이시다. 하루에도 여러 번 주님이 내게 말을 걸어오시고 나는 그분의 목소리를 듣고 그분이 하시는 말씀을 이해한다. 왜냐하면 내가 '듣는 귀'를 훈련했기 때문이다. 예수님에 '대하여' 알던 나에서 정말로 예수님'을' 아는 내가 된 것이 얼마나 감사한지. 앞으로 며칠 동안 당신도 예수님이 당신에게 했던 그 질문에 답할 기회를 가져보기를 소망한다. "너는 나를 누구라 하느냐?"

19일

하나님의 말씀 안으로 깊이 들어가라

오늘의 말씀_ 잠언 3:5-6

너는 마음을 다하여 여호와를 신뢰하고 네 명철을 의지하지 말라 너
는 범사에 그를 인정하라 그리하면 네 길을 지도하시리라

　하나님과 함께하는 아침 시간 동안 나는 '신뢰'에 대해 생각해보았
다. 그러다가 내가 좋아하는 잠언 3장 5-6절로 이끌림 받았다. 나는 이
말씀을 읽고 나서 한동안 내 머릿속을 채우도록 내버려두었다. 그런 후
말씀 안에 있는 짧지만 강력한 진리를 파고들게 되었다.
　먼저 "신뢰"라는 단어를 찾아보았다. 히브리어로는 '카사흐'(chasah)
인데 '소망을 갖다, 피난처가 되다'라는 뜻이다. 이 정의는 시편 91편
1-2절을 떠오르게 했다. "지존자의 은밀한 곳에 거주하며 전능자의 그
늘 아래에 사는 자여, 나는 여호와를 향하여 말하기를 그는 나의 피난
처요 나의 요새요 내가 의뢰하는 하나님이라 하리니."
　그다음 나는 "마음"이라는 단어를 찾았다. 히브리어로는 '렙'(leb)인
데 사람의 지성, 인격, 감정, 영 그리고 가장 내면의 자아라는 뜻을 담
고 있다. 내 '마음'이 바로 나인 것이다. 마음과 영혼은 종종 서로 호환
되어 사용되기도 한다. 우리가 그리스도를 우리 삶의 주인으로 받아들

일 때 거듭나는 것은 우리의 가장 내면의 부분이다. 예수님은 우리에게 이렇게 말씀하셨다. "네 마음을 다하고 목숨을 다하고 뜻을 다하여 주 너의 하나님을 사랑하라"(마 22:37).

다음으로 내가 찾은 말은 "길"이다. 히브리어로는 '데렉'(*derek*)이라고 하며, 도로, 경로 또는 행동 방식을 의미한다.

그리고 마지막으로 찾아본 단어는 "인정하라"라는 말인데 히브리어로는 '야다'(*yada*)이다. '친밀한 결혼 관계'라는 뜻을 담고 있다. 결혼 관계는 새로운 삶이 잉태되고 태어나는 교류이다. 하나님과 함께하면 기도와 묵상 시간이 친밀한 시간이 된다. 그 시간을 통해 그분의 진리가 드러나고 우리 삶에 축복과 승리가 일어난다.

이 모든 단어를 다 조합하고 나니 이 말씀이 내게는 이렇게 들렸다. '내 모든 삶의 영역에 주님이 은밀한 피난처가 되게 하라.' 그것은 내가 생각하는 방식, 내가 느끼는 방식, 내가 행동하는 방식, 내가 인생에 접근하는 방식이 모두 그렇게 되어야 한다는 것이다. 나는 나 자신의 생각을 따로 떼어놓을 것이다. 세상에 푹 빠져 있는 내 생각은 전능하신 하나님 앞에 너무나 부족하다. 크든 작든 내가 하는 모든 일을 놓고 기도와 말씀 묵상 속에서 하나님께 다가가며 간구하여야 한다. 그러면 그분은 내가 걷는 모든 걸음을 인도하실 것이다. 그분은 하늘과 땅을 움직여 내 길을 성공적으로 이끄실 것이다. 우리가 그분의 방식을 따라 일한다면 하나님은 우리에게 기회를 주실 것이다. 반드시 우리의 방식이 아니라 그분의 방식이어야 한다. 바로 그것이 성령 안에서 거하는 것이다. 믿음으로 사는 것이다.

그러면 하나님이 제공하시는 능력에 다가서기 위해 우리는 무엇을 해야 할까? 기본적으로 우리는 우리 자신을 버리고 하나님께 간구해야 한다. 너무 간단한가? 그렇다! 하지만 그 일을 하려면 확고한 결심과 진실한 약속이 있어야 한다. 하나님을 선택하는 것은 애매모호한 선택이 아니다. 하룻저녁에 일어나지도 않는다. 당신이 하나님과 역동적인 관계를 맺는 사람을 만났다면, 그들이 지속적으로 하나님의 말씀에 자신을 푹 담그고 있음을 알게 될 것이다. 그런 사람들은 기도, 묵상, 성경 공부를 통해 하나님을 아는 지식을 습관으로 발전시키고 있다. 그들은 하나님을 알고 자신의 마음을 말씀의 진리로 새롭게 하는 것을 제1의 목표로 삼고 있다. 그리고 하나님 아버지와의 친밀한 관계에서 얻은 지식으로 자신의 삶을 살고 있다.

모든 사람에게는 자신의 마음을 다하여 하나님을 신뢰할 수 있는 동일한 기회가 있다. 우리는 새로워질 수 있다. 우리는 하나님의 인도를 받을 수 있다. 우리는 축복되고 능력 있는 삶을 살 수 있다. 하지만 끊임없는 헌신이 있어야 한다.

그만한 가치가 있는 것일까? 나는 내 방식을 고집하는가, 하나님의 방식을 원하는가? 내가 하는 모든 일에서 온 마음을 다하여 하나님을 신뢰하고, 나 자신의 지식에 기대지 않고, 주님이 나를 인도하실 수 있도록 모든 인생길에서 그분을 인정해야 한다. 그럴 때 하나님의 역사가 일어날 것이다.

하나님의 방식에는 능력이 있다. 이 글을 쓰는 내가 바로 살아 있는 간증이다! 요한복음 9장 25절에 나오는 시각장애인의 말을 들어보자. "…한 가지 아는 것은 내가 맹인으로 있다가 지금 보는 그것이니이다." 하나님의 기적 같은 역사로 인해 내 인생은 영원까지 바뀌었다. 나는 이전의 내 모습이 어떠했는지 알며, 지금은 그 이후의 삶을 살고 있다. 하나님은 내가 선하거나 특별하거나 똑똑해서 내게 복을 주시지 않았다. 나를 사랑하시기 때문에 내 삶에서 놀라운 변화들을 만들어내셨다. 나는 그분의 존귀한 자녀다. 나는 그 어느 때보다 최선을 다해 살고 있다. 내가 누리는 이 귀중한 평화와 기쁨, 사랑을 다른 방법으로는

취할 도리가 없다!

놀라운 진리는 누구든지 나와 같은 복을 누릴 수 있다는 것이다. 그 기회는 하나님의 방식을 따르겠다는 의지를 가진 모든 사람을 위해 바로 여기에 놓여 있다.

20일

예수님이 맏아들이라는 것은 내게 어떤 의미인가?

오늘의 말씀_ 골로새서 1:15

**그는 보이지 아니하는 하나님의 형상이시요 모든 피조물보다 먼저
나신 이시니**

성경을 읽다가 어떤 진리를 발견하고 감탄과 경이에 빠진 적이 있
는가? 이 말씀을 읽던 내게 그런 일이 일어났다. 이 말씀을 읽는데 예
수님이 만물이시라는 생각이 들었다. 로마서 8장 29절에서는 예수님
을 "많은 형제 중에서 맏아들"이라고 했다. 말 그대로 가족 중에 가장
먼저 태어나고 가장 나이가 많은 자녀라는 뜻이다. 그리스어로는 '프로
토토코스'(prototokos)라고 하는데, 처음 태어나거나 장남이라는 뜻이
다. 맏아들은 신분의 지위가 첫 번째라는 뜻이 아니라 연대순으로 처
음이라는 뜻이다.

그렇다면 많은 형제 중에서 예수님이 맏아들이라는 사실은 당신과
내게 어떤 의미가 있는가? 그 진리를 로마서 2장 11절 말씀과 연관시
켜 생각해보자. "…하나님께서 외모로 사람을 취하지 아니하심이라."
그리고 로마서 8장 15절을 보자. "너희는 다시 무서워하는 종의 영을
받지 아니하고 양자의 영을 받았으므로 우리가 아빠 아버지라고 부르

짖느니라."

나는 내 영혼을 전율시키는 이 질문을 스스로에게 해보았다. '예수님이 맏아들이시라는 사실은 내게 어떤 의미일까?'

당신도 이 질문을 던져보면 좋겠다. 답을 생각하다보면 경이로움에 빠져들 것이다. 하지만 그 진리를 정신과 마음에 받아들여 그것이 자신의 생각과 정체성을 변화시킬 때까지는 우리가 이 진리의 완전한 영향 아래에 있다고 할 수 없다. 당신은 정말로 자신을 예수님의 동생이라고 여기는가? 예수님은 하나님의 아들이시다. 당신 역시 하나님의 자녀다. 당신은 그리스도와 함께하는 상속자다. 그 사실은 내가 그렇게 말했기 때문도, 어느 교파의 교리적인 관점도 아니다. 당신이 하나님의 아들이며 그리스도 예수와 공동 상속자라는 사실은 하나님이 그렇게 말씀하셨기 때문이다!

우리는 하찮거나 소속 없이 헤매는 부랑자가 아니다. 로마서 8장 16-17절 말씀은 우리가 누구인지를 말해준다. "성령이 친히 우리의 영과 더불어 우리가 하나님의 자녀인 것을 증언하시나니 자녀이면 또한 상속자 곧 하나님의 상속자요 그리스도와 함께한 상속자니 우리가 그와 함께 영광을 받기 위하여 고난도 함께 받아야 할 것이니라."

당신과 나는 그리스도와 함께하는 상속자다!

이 조합에는 또 한 가지 매우 흥미로운 요소가 있는데, 그것은 다른 그리스도인들이 잘 생각지 못하는 사실이다. 처음 하나님이 보내셨을 때 예수님은 하나님의 독생자이셨다. 그러나 예수님이 죽은 자 가운데서 살아나셔서 하늘로 올라가셨을 때 그분은 맏아들이 되셨다. 외아들이 '십자가로 인해' 맏아들이 되신 것이다. 이제 예수님은 더 이상 '독자'(獨子)가 아니다. 예수님은 당신과 내가 그분의 가족이 되게 하셨다. 당신은 이 모든 사실에서 드러나는 진리와 실재를 깨닫고 있는가? 하나님의 아들이 사람의 아들이 되셨던 것은 사람의 아들이 하나님의 아들이 될 수 있게 하기 위해서였다.

거듭난 우리는 하나님 가족의 진짜 일원이다. 예수님이 첫째 자녀이며 우리는 그분과 똑같은 권리와 혜택과 특권을 누릴 수 있게 되었다. 당신이 조금 더 시간을 내어 이 진리가 당신에게 어떤 의미를 갖는지 숙고하면 좋겠다. 이 진리를 당신 속에 깊이 스미게 한 뒤 다시 한 번 질문해보기 바란다. '예수님이 맏아들인 것이 내게 어떤 의미일까?' 스스로 무가치하고 소망이 없다고 느낄 때, 우리는 자신이 누구인지 기억해야 한다. 당신은 사랑스러우며 귀히 여김 받으며, 특히 모든 피조물 중에 맏아들이신 예수님과 공동 상속자인 존재다.

바로 그런 정체성을 가진 당신에게 하나님이 내리시는 축복이 가득하기를!

21일

아직도 불 속에 있는가?

오늘의 말씀_ 다니엘 3:23-25

이 세 사람 사드락과 메삭과 아벳느고는 결박된 채 맹렬히 타는 풀무
불 가운데에 떨어졌더라 그때에 느부갓네살 왕이 놀라 급히 일어나
서 모사들에게 물어 이르되 우리가 결박하여 불 가운데에 던진 자는
세 사람이 아니었느냐 하니 그들이 왕에게 대답하여 이르되 왕이여
옳소이다 하더라 왕이 또 말하여 이르되 내가 보니 결박되지 아니한
네 사람이 불 가운데로 다니는데 상하지도 아니하였고 그 넷째의 모
양은 신들의 아들과 같도다 하고

세 사람이 불꽃이 이글거리는 풀무불로 던져졌는데 네 사람이 그
불꽃들 사이를 오갔다는 사실이 놀랍다. 불 속에 던져지기 오래전부
터 그 히브리 남자들은 자신들의 하나님과 그분의 약속을 믿고 있었다.
"너희는 강하고 담대하라 두려워하지 말라 그들 앞에서 떨지 말라 이
는 네 하나님 여호와 그가 너와 함께 가시며 결코 너를 떠나지 아니하
시며 버리지 아니하실 것임이라"(신 31:6). 이 죽음의 불꽃 속에 하나님
이 임재하셔서 그분의 자녀들을 지키고 보호하셨다. 어떤 학자들은 풀
무불 속 이 네 번째 남자가 부활하신 그리스도, 즉 메시아 예수님이 성

육신하시기 전의 모습이라고 해석하기도 한다. 하나님의 신실하심이 드러난 것이다.

하지만 좀 더 자세히 보아야 할 다른 면들이 있다. 한 가지는 그 남자들이 결박되어 있었다는 것이다. 그들이 자신의 힘으로 할 수 있는 것은 아무것도 없었다. 살다보면 인생의 어떤 지점에서 이 세상 문제들로 결박당해 우리 자신의 힘으로는 아무것도 할 수 없을 때가 있다. 내가 아닌 다른 사람들 때문에 일어난 일들이라 나로서는 어쩔 수 없는 속박들도 있다. 말씀에 나오는 히브리 남자들처럼 말이다. 어떤 때는 우리 스스로가 했던 잘못된 선택으로 자충수를 두거나 다른 사람의 죄에 옭아맴을 당하기도 하지만 답은 늘 같다. 하나님을 신뢰하라! 이 남자들이 했던 그대로다. 느부갓네살 왕은 그 장면을 보고 이렇게 외쳤다. "결박되지 아니한 네 사람이 불 가운데로 다니는구나!" 속박은 풀렸다! 그들이 풀무불 밖으로 나오기도 전에 그들은 이미 자유로웠다. 하나님이 그들 옆에 계셨기 때문이다.

이런 일이 우리에게도 일어난다. 지난 3주 동안 신실하게 금식했다 해도 당신의 심각한 상황이 아직 다 해결되지 않았을 수도 있다. 하지만 당신 눈으로 승리를 확인하지 못했더라도 당신은 이미 자유롭다. 승리에 대한 믿음이 있다면 승리는 이미 우리의 것이다. 예수님은 마가복음 11장 24절에서 이렇게 말씀하셨다. "그러므로 내가 너희에게 말하노니 무엇이든지 기도하고 구하는 것은 받은 줄로 믿으라 그리하면 너희에게 그대로 되리라."

사드락, 메삭, 아벳느고는 이미 그들의 것이었던 자유를 얻었다. 그들은 아직 불 밖으로 나오지도 않았다. 하지만 그들은 보통의 불보다 일곱 배나 더 강한 풀무불 한가운데를 자유롭게 걸어다니고 있었다. 그 불의 온도가 얼마나 높은지 사형집행인들까지 죽게 했다고 한다. 이 세상의 도전들이 너무나 힘겨워서 그리스도를 모르는 사람들은 참을 수 없는 시련을 맞는다. 하지만 하나님은 그분의 자녀들을 언제나 보호하겠다고 약속하셨다. "사람이 감당할 시험밖에는 너희가 당한 것이 없나니 오직 하나님은 미쁘사 너희가 감당하지 못할 시험 당함을 허락하지 아니하시고 시험 당할 즈음에 또한 피할 길을 내사 너희로 능히 감당하게 하시느니라"(고전 10:13).

다니엘서를 보면, 이방신을 의지했던 사람들은 죽음을 당했지만 전능하신 하나님을 의지했던 사람들은 악이 지배하는 상황 가운데서도 하나님이 살 길을 내어주셔서 피할 수 있었다. 느부갓네살은 이 능력의 하나님에 의해 놀라움을 금치 못했다. 그는 자신이 보고 있는 이 장면을 도무지 믿을 수 없었다.

"느부갓네살이 맹렬히 타는 풀무불 아귀 가까이 가서 불러 이르되 지극히 높으신 하나님의 종 사드락, 메삭, 아벳느고야 나와서 이리로 오라 하매 사드락과 메삭과 아벳느고가 불 가운데에서 나온지라 총독과 지사와 행정관과 왕의 모사들이 모여 이 사람들을 본즉 불이 능히 그들의 몸을 해하지 못하였고 머리털도 그을리지 아니하였고 겉옷 빛도 변하지 아니하였고 불 탄 냄새도 없었더라 느부갓네살이 말하여 이르되 사드락과 메삭과 아벳느고의 하나님을 찬송할지로다 그가 그의 천사를 보내사 자기를 의뢰하고 그들의 몸을 바쳐 왕의 명령을 거역하고 그 하나님밖에는 다른 신을 섬기지 아니하며 그에게 절하지 아니한 종들을 구원하셨도다 그러므로 내가 이제 조서를 내리노니 각 백성과 각 나라와 각 언어를 말하는 자가 모두 사드락과 메삭과 아벳느고의 하나님께 경솔히 말하거든 그 몸을 쪼개고 그 집을 거름터로 삼을지니 이는 이같이 사람을 구원할 다른 신이 없음이니라 하더라 왕이 드디어 사드락과 메삭과 아벳느고를 바벨론 지방에서 더욱 높이니라"(단 3:26-30).

느부갓네살은 감명받았지만 회심은 하지 않았다. 그는 자신의 육안으로 하나님의 능력을 보았고 다른 모든 신들보다 더 힘 있는 분이 하나님이라는 것을 인정했다. 정신적으로는 동의하지만 믿음에까지 이르지 못하는 불일치가 오늘날 세상에 만연하다. 많은 사람이 신이 있음을 믿는다. 물론 일부는 성경의 하나님이 진정한 한 분 하나님이심을 믿으며 심지어 그리스도를 믿기도 한다. 하지만 정신적인 동의가 회심은 아니다. 많은 사람이 놓치고 있는 점이 바로 이것이다.

나는 당신이 이 다니엘 금식을 하는 동안 하나님 아버지와 더 진실하고 뜻 깊은 관계로 인도되어 다시는 '잃어버린 자녀'가 되지 않기를 기도한다. 당신이 혼을 먹이고 영을 강건케 하고 몸을 새롭게 하면서, 기도에 응답을 받고 그리스도와 동반자가 되는 방법에 대한 통찰을 얻었기를 소망한다. 지난 3주를 돌아보면서 용기를 얻고, 사랑하는 아버지께서 당신의 삶에서 어떤 일을 이루셨는지 알게 되기를 간절히 기도드린다.

아멘.

Part 3

다니엘 금식
'건강 레시피'

The Daniel Fast

일러두기

■ 3부 상자글(213쪽) 및 우리 음식 레시피(음식 이름 뒤에 *로 표시)는 최금옥(복내전인
치유센터 부원장)이 집필했다. 대학과 대학원에서 식품영양학을 공부하고, 오랫동안 자
연식을 연구해 암 환자들의 통합적인 영양 관리를 해왔다. 지은 책으로 《암을 이기는 복
내 영양요법》(홍성사)이 있다.

■ http://Daniel-Fast.com에 접속하면 다니엘 금식 기간에 먹을 수 있는 건강한
레시피가 가득하다. 3부는 저자가 소개하는 수많은 레시피 가운데 우리 가정에서 비교
적 쉽게 만들 만한 것들을 간추린 것이다.

생명의 활동은 에너지를 공급받아야만 가능하다. 우리 인체의 에너지가 되는 것은 음식에서 얻을 수 있고, 어떤 음식을 섭취하느냐에 따라 에너지력이 결정된다. 자연이 주는 식품들은 화학적인 강한 결합과 전자기력인 진동수를 갖고 있다. 이 두 가지 요인이 작용하여 식품의 고유한 기능과 에너지력을 결정한다.

프랑스 엔지니어였던 시몬통(Andre Simoneton)은 식물을 연구하다가 식물에서 방사되는 에너지를 옹스트롬(빛의 파장, 원자 사이의 거리를 재는 데 사용하는 길이의 단위)으로 수치화했다. 예를 들면, 밭에서 바로 수확한 식물은 8,000-10,000옹스트롬이지만, 시간이 지나면서 1/3이 저하되고 조리하면서 또 1/3이 저하된다고 한다.

우리는 생명과 즐거움이라는 두 가지 목적을 얻으려고 먹는 행위를 한다. 그래서 먹는다는 것은 삶에서 놓칠 수 없는 축제이며, 이 축제를 통해 하나님께 감사의 찬양을 드릴 수 있게 된다.

자연이 우리에게 주는 먹거리는 태양과 바람 그리고 땅, 구름들이 이루어낸 교향곡이다. 아름다운 색깔, 향, 맛은 인체의 오장육부의 기능을 더해주고 에너지를 공급한다. 우리 몸이 좋아하는 음식은 이렇듯 '자연이 주는 것'들이다.

그러나 우리 인간은 식품을 가공하는 과정에서 중요한 영양소들을 빼고 분해하기 어려운 식품첨가물을 주입한다. 이 부조화가 질병을 일으키는 원인이다. 또한 이런 음식은 우리에게 에너지를 주지 못한다.

그래서 다니엘 금식 기간에는 '무가공 식물성 식품'을 먹어야 한다!

최금옥(복내전인치유센터 부원장)

The
Daniel
Fast

1

다니엘 금식 레시피

아침 식사

[멥쌀현미가래떡 구이와 채소 스프] *

-현미가래떡
방앗간에 맡겨 원하는 양만큼 만들어 1회 분량씩 포장해 냉동실에 보관해두었
다가 먹기 하루 전에 냉장실로 옮긴다.
해동한 떡을 기름기 없는 프라이팬에 올려 약불로 천천히 굽는다.

> **현미의 효능:** 현미는 질병과 노화의 원인인 활성산소를 제거할 수 있는 항산화물질
> 을 포함하고 있으며, 인체에 쌓여 있는 독물과 중금속 노폐물을 흡착하여 체외로 배
> 출하는 피틴산이 들어 있다. 그뿐 아니라 장내 환경을 개선하여 면역력을 증강시키
> 고 당뇨병 개선에도 효능이 있다.

-채소 스프

❧ 재료(3-4회 분량)

브로콜리(1송이), 양배추(중1/4개), 당근(중1개), 감자(대1개), 고구마(대1개),
토마토(중1개), 마늘(3쪽), 양파(중2개), 천일염(1큰술)

1. 위의 스프 재료를 껍질째 한 입 크기로 썰어서 스테인리스 냄비에 담는다.
   재료가 2/3 정도 잠기게 물을 부은 후 강불에서 끓이다가 끓기 시작하면 중
   불로 낮추어 1시간 정도 끓인다.
2. 믹서로 간 뒤 스테인리스 그릇에 담아 냉장 보관한다. 세 번 먹을 양 정도를
   한 번에 만들어 보관하면 좋다.

❁

[팥단호박 스튜] *

❧ 재료(3-4회 분량)

팥(1공기), 단호박(중1개), 생강(1쪽), 양파(1개), 조선간장(1큰술),
천일염(1작은술), 매실액(1큰술), 다시마(2조각)

1. 팥을 8시간 정도 불린 후 압력솥에 팥 양의 두 배의 물을 붓고 끓이다가 압
   력솥 추가 돌기 시작하면 5분 정도 있다가 불을 끈다.
2. 단호박과 양파는 깍둑썰기 한다.
3. 냄비에 단호박, 양파, 생강, 다시마를 넣고 물을 자작하게 부은 다음 10분
   정도 끓인 뒤 다시마는 건진다.
4. 단호박이 어느 정도 익으면 삶아놓은 팥을 넣고 한 번 더 끓여 천일염, 조선
   간장, 매실액을 넣어 간을 한 뒤 불을 끈다.

팥의 효능: 식물성 식품 중에 철분과 칼슘이 많이 포함되어 있어 빈혈 개선과 골다공

증 예방에 효능이 있고, 노폐물 배출을 촉진한다.

단호박의 효능: 탄수화물, 섬유질, 미네랄 등이 풍부하고, 특히 비타민 A의 전구체가 되는 카로티노이드가 들어 있어 노화 방지와 항암 효과가 있다.

❋

[참깨죽] *

❧ 재료(3-4회 분량)
멥쌀현미(1컵), 참깨(1컵), 물(쌀의 5-6배), 천일염(1작은술)

1. 밤새 불린 현미와 살짝 볶은 참깨를 믹서에 곱게 간다.
2. 냄비에 물을 붓고 재료를 저으며 끓이다가 적당한 농도가 되면 소금 간을 한다.

❋

[콩죽] *

❧ 재료(3-4회 분량)
흰콩(1컵), 멥쌀현미(1컵), 양파(1/2개), 물(쌀의 5-6배), 천일염(1작은술)

1. 밤새 불린 콩을 푹 삶아 믹서로 간다.
2. 밤새 불린 현미를 믹서로 곱게 간다.
3. 양파는 잘게 다진다.
4. 현미 간 것에 물을 넣고 저으면서 익을 때까지 끓이다가 (1)과 (3)을 넣고 저으면서 끓인다. 죽이 흐를 정도의 농도가 되면 천일염으로 간한다.

참깨의 효능: 칼슘이 우유의 두 배 정도 들어 있고 불포화지방산이 풍부해 동맥경화를 예방한다. 항산화물질인 비타민 E가 풍부하고 세사민과 세사미놀이 함유되어 있어서 항암 작용과 노화 방지에 좋다.

콩의 효능: 단백질과 불포화지방산이 풍부해 고기를 대체할 수 있는 식품 중 하나다. 비타민 E가 풍부해 항산화력이 우수하고 올리고당이 풍부해 장내 유익균의 활성을 도와 면역력을 높인다. 제니스테인의 항암 효과와 이소플라본이라는 여성 호르몬의 기능을 가진 생리활성 물질로 인해 골다공증 예방에 도움을 준다.

❋

[검은콩 스프] *

✿ 재료(3-4회 분량)

검은콩(1컵), 양파(1개), 통밀가루(3큰술), 현미유(1큰술), 강황가루(1작은술), 생강가루(1작은술), 후추(1작은술), 다시마(1조각), 천일염(1작은술)

1. 밤새 불린 콩을 다시마 한 조각을 넣고 푹 삶은 후 믹서에 간다.
2. 팬에 현미유를 두르고 통밀가루를 타지 않을 정도로 오래 볶는다.
3. 다 볶아진 통밀가루에 물을 자작하게 붓고 밀가루가 풀어질 때까지 거품기로 젓는다. (1)을 넣고 잘게 썬 양파, 생강가루와 강황가루를 추가해 잘 젓는다.
4. 중불에서 5분 정도 저으면서 끓이다가 후추와 소금으로 간한다.

❋

[사과를 곁들인 맛있는 현미밥]

다니엘 금식 커뮤니티 회원인 레니 헤이스팅스가 보내준 아침 식사 아이디어로, 내가 좋아하는 레시피 중 하나가 되었다. 현미는 섬유질을 많이 함유하고 있어서 하루를 시작하며 먹기에 아주 좋은 식품이다. 사과와 코코넛오일로 단맛을 가미하면 풍미가 좋아진다.

재료(4회 분량)

코코넛오일(2큰술), 현미밥(4컵), 자른 사과(2컵), 계핏가루(선택 사항)

1. 팬에 기름을 두르고 중불에서 가열한다. 현미밥과 자른 사과를 넣고 잘 섞는다.
2. 약불로 줄여 재료가 뜨거워질 때까지 자주 젓는다. 기호에 따라 계핏가루를 넣는다. 무가당 두유를 넣어서 먹어도 된다.

[두부 스크램블]

두부의 독특한 장점 중 하나는 함께 조리하는 식품의 향을 흡수하는 것이다. 양파와 피망을 살짝 함께 튀기면 그 풍미가 더해진다.

재료(4회 분량)

올리브유(2큰술), 양파(1개), 청피망(1개), 검은콩 두부(한 모),
마늘가루(1작은술), 양파가루(1작은술), 간장(1작은술),
강황가루(1/2작은술, 선택 사항), 다진 생파슬리(1작은술)

1. 큰 팬에 기름을 두르고 중불에서 가열한다. 잘게 썬 양파, 피망과 깍둑 썬 두부를 넣고 3-5분 동안 자주 저으면서 볶는다.
2. 마늘가루, 양파가루, 간장, 강황가루를 저으면서 넣은 뒤 중약불로 줄여 자주 뒤섞어준다(필요할 때는 올리브유를 더 넣는다).
3. 먹기 직전에 신선한 파슬리를 뿌린다.
4. 두부 스크램블과 함께 신선한 과일을 내거나, 아침 식사 부리또를 만들려면 살사를 조금 바른 따뜻한 또띠야에 싼다.

[카레 두부 스크램블]

향과 단백질 그리고 비타민이 풍부한 카레 두부 스크램블은 다니엘 금식에
잘 어울린다. 맛좋은 식사를 위해서는 신선한 과일과 함께 먹는다.

재료(4회 분량)

올리브유(1작은술), 다진 양파(1개), 간 마늘(1쪽), 으깨서 물기를 뺀 두부(한 모),
카레가루(1작은술), 강황가루(1/2작은술), 커민가루(1/2작은술, 선택 사항),
소금 및 후추, 잘게 썬 토마토(2개), 시금치(한 단)

1. 큰 팬에 기름을 두르고 중불로 가열하다가 양파와 마늘을 넣는다. 양파가
   부드러워질 때까지 3-5분 정도 재빨리 볶는다.
2. 두부, 카레가루, 강황가루, 커민가루, 소금, 후추, 토마토를 자주 저으면
   서, 두부 속까지 양념이 배도록 5분 정도 익힌다. 필요하면 올리브유를 조
   금 더 넣는다.
3. 시금치를 넣고 숨이 죽을 때까지 1-2분 정도 익힌다.
4. 따뜻할 때 먹는다.

[두부 채소 스크램블]

단백질도 풍부하고 색감도 좋고 풍미도 가득한 따뜻한 아침 식사를 원하는
분들에게 안성맞춤이다.

재료(4회 분량)

올리브유(2큰술), 으깨서 물기를 뺀 두부(한 모), 좋아하는 신선한 채소 또는
냉동 채소(1컵, 브로콜리, 파프리카, 양파, 버섯, 토마토 등), 강황가루(1/8작은술),
양파가루(1작은술), 소금(1/2작은술)

1. 냄비에 기름을 두르고 중불에서 가열하다가 두부를 넣고 약 3분 동안 익힌다.
2. 채소와 강황가루, 양파가루, 소금을 넣고 5분 정도 채소들이 부드러워질 때까지 저으면서 익힌다.

스무디

스무디는 사람들이 좋아하는 데다가 귀한 영양소를 듬뿍 담고 있다. 여기서는 몇 가지로 나누어 소개하지만, 각자 자신이 원하는 스타일로 자유롭게 만들어 먹을 수 있다. 가능하면 지역에서 생산한 유기농 과일과 채소를 사용하는 것이 좋다. 구하기 어렵다면, 냉동 제품을 사용할 수도 있다. 익기 전에 따서 긴 유통 과정을 거친 과일보다는 냉동 제품이 오히려 영양분을 더 많이 유지하기도 한다.

맛있는 스무디 만드는 방법
1. 완벽한 스무디 제조 비결은 신선한 과일 혹은 냉동 과일 그리고 주스의 배합 비율에 달려 있다.
2. 향을 조화롭게 하려면 신 과일과 단 과일을 섞는다.
3. 냉동 과일을 많이 쓸수록 스무디는 더 진해진다. 얼음, 두유 또는 과일 주스를 사용하여 엷게 할 수 있다.
4. 스무디에 물을 넣고 싶지 않다면 주스나 두유를 사용해서 농도를 맞출 수 있다.
5. 신선 과일과 주스를 섞으면 만들기도 쉽고 스무디 농도를 오래 유지할 수 있다.

6. 간 아마씨는 훌륭한 섬유소 공급원이며 스무디 맛을 해치지 않는 재료다.
7. 스무디를 자주 먹으려면 좋은 블렌더에 투자해야 한다.
8. 스무디에 단백질 파우더를 넣고자 한다면 파우더에 유제품, 가당류 혹은 화학성분이 들어가 있지 않은 제품을 사용해야 한다. 과일을 가는 과정 마지막에 단백질 가루를 넣으면 된다. 미리 넣으면 거품이 너무 많이 생긴다.
9. 잘 간 다음, 단맛 얼음 조각 대신 굵게 자른 냉동 포도를 넣는다.
10. 영양 많은 아침 식사를 원한다면 견과류를 넣어 먹는다.

(건강한 아침 식사는 하루 중 가장 중요한 식사로, 하루를 시작하기 위해 필수적이다. 창조적으로 자신만의 스무디를 만들어 스무디 전문가가 되어보자.)

초보자를 위한 맛있는 배합 비율
트로피칼: 신선한 바나나와 냉동 망고와 파인애플 주스
베리베리: 신선 혹은 냉동 블루베리, 라즈베리, 딸기와 석류 주스
피치드림: 신선 혹은 냉동 딸기와 복숭아, 오렌지 주스

색다른 재료 조합
냉동 딸기 대신 냉동 블루베리, 베리 혼합, 복숭아 또는 라즈베리를 사용해 본다.
오렌지 주스 대신 파인애플 주스, 망고 주스, 포도 주스를 사용할 수 있다.
바나나 대신 잘 익은 복숭아, 망고 또는 파인애플을 사용해도 좋다.

왜 스무디는 괜찮은가?
다니엘 금식에서 허용하는 유일한 음료는 물이다. 하지만 스무디는 음료라기보다는 '묽은 식사'로 본다.

[기본 과일 스무디]

기본 과일 스무디는 자신이 좋아하는 계절 과일을 아침 식사로 먹기에 좋은 방법이다.

❧ 재료(1회 분량)

무가당 두유나 연두부(1컵), 잘 익은 바나나 자른 것(1개),
좋아하는 신선 혹은 냉동 과일(1/2컵, 딸기, 복숭아, 씨를 뺀 체리 등),
계핏가루(조금), 얼음(2-3조각)

1. 얼음을 제외한 모든 재료를 블렌더에 넣고 부드럽게 간다.
2. 얼음 조각을 한 번에 한 개씩 넣어가며 원하는 농도가 될 때까지 조절한다.
3. 차게 마신다.

[베리 바나나 스무디]

베리 바나나 스무디는 포만감을 준다. 영양분을 보충하려면 시금치를 넣어도 된다. 시금치 맛은 느껴지지 않고 블루베리 색이 옅어진다.

❧ 재료(1회 분량)

잘 익은 바나나(1개), 냉동 블루베리(1컵), 무가당 아몬드 우유 또는
라이스밀크 또는 두유(1컵), 간 아마씨(1큰술), 계핏가루(1/2작은술, 선택 사항),
생시금치 혹은 냉동시금치(1/2컵, 선택 사항), 얼음(2-3조각)

1. 바나나, 블루베리, 아몬드 우유, 아마씨, 계핏가루, 시금치(원한다면)를 블렌더에 넣고 부드러워질 때까지 간다.
2. 원하는 농도가 될 때까지 얼음 조각을 넣은 뒤 차게 마신다.

※

[열대 과일 두부 스무디]

식성에 맞게 재료를 바꿀 수 있다.

❧ 재료(4회 분량)

망고, 파파야, 파인애플 등 신선 과일이나 냉동 과일(1컵),
사과 주스 혹은 사과 농축액(3컵), 연두부(1컵), 레몬 주스(1/4컵),
얼음(12조각, 원하는 농도가 될 때까지 넣는다)

1. 과일, 사과 주스, 연두부, 레몬 주스, 얼음 몇 조각을 블렌더에 넣고 부드러워질 때까지 간다.
2. 원하는 농도가 될 때까지 얼음 조각을 넣고 간다.

※

[인도식 망고라씨 스무디]

망고라씨는 인도에서 주로 만들어 먹는 음식으로 스무디의 일종이다. 원래 주재료는 요거트인데, 여기서는 두부, 망고, 오렌지 주스, 약간의 레몬 주스를 사용하여 클래식한 라씨 맛에 근접하게 만든다. 다른 열대 과일이나 파인애플로 대체해서 만들어도 된다.

❧ 재료(4회 분량)

신선 망고 혹은 냉동 망고(1컵), 무가당 오렌지 주스(3컵), 연두부(1컵),
레몬 주스(3큰술), 얼음(12조각, 원하는 농도가 될 때까지 넣는다)

1. 망고, 오렌지 주스, 연두부, 레몬 주스, 얼음 6조각을 블렌더에 넣고 부드럽게 되도록 섞는다.
2. 원하는 농도를 맞추기 위해 얼음 조각을 더 넣을 수 있다. 만든 즉시 마신다.

주요리

점심과 저녁 식사는 미리 계획하여 조리하는 시간도 필요하다. 양을 넉넉히 준비해서 나중에 먹을 수 있도록 냉동하거나 '요리의 날'을 정해 한 번에 여러 음식을 미리 조리해 보관하면 음식 준비에 들어가는 노력을 조금이나마 줄일 수 있다.

[현미고구마 와플(통밀빵)과 검정콩 샐러드] *

－현미고구마 와플
🌱 재료(3~4회 분량)
현미가루(500그램), 통들깨(1컵), 깍둑 썬 고구마(300그램),
천일염(1작은술), 두유 혹은 콩물(약간)

1. 8시간 이상 쌀을 불려 방앗간에서 빻거나 집에서 믹서로 간다.
2. 위의 재료를 넣고 두유나 콩물로 되직하게 반죽한다. (고구마에서 단맛이 나므로 설탕은 쓰지 않는다. 조금 더 단맛을 원하면 건포도나 사과를 섞는다.)
3. 기름을 두르지 않은 팬에 반죽을 떠 넣고 뚜껑을 덮어 뭉근한 불에 양면을 익힌다(와플기에 구우면 좋다).
4. 냉동고에 보관했다가 먹을 만큼 꺼내 프라이팬에서 약불로 데운다.

－검정콩 샐러드
🌱 재료(3~4회 분량)
검정콩(1컵), 고구마(중2개), 올리브유(1큰술), 천일염(1작은술)

1. 불린 콩을 말랑해질 때까지 30분 정도 익혀 블렌더에 살짝 간다.
2. 껍질을 벗긴 고구마를 압력솥에 쪄서 잘 으깬다.
3. (1)과 (2)에 올리브유, 소금을 넣고 잘 섞는다. (현미고구마 와플에 소스처럼 발라서 과일과 함께 먹으면 좋다.)

❀

[단호박 파이와 두유요쿠르트, 채소 샐러드] *

-단호박 파이
꒰ 재료(3-4회 분량)
단호박(1개), 아몬드(30개), 사과(1/2개), 계핏가루(1작은술), 소금(1작은술)

1. 단호박은 결대로 잘라서 찜통에 찐 후 뜨거울 때 으깬다.
2. 사과는 정사각형으로 얄팍하게 썬다.
3. 그릇에 단호박과 사과, 계핏가루, 소금을 한데 넣고 고루 섞는다.
4. 오븐팬에 (3)을 넣고 간 아몬드를 뿌린다.
5. 180도로 예열된 오븐에 20분 굽는다. (오븐이 없으면 굽지 않고 먹어도 맛있다.)

-두유요쿠르트
꒰ 재료(3-4회 분량)
콩(1공기), 플레인요쿠르트(2컵), 천일염(2작은술) 또는
무가당 두유(2와 1/2컵), 플레인요쿠르트(1/2컵), 천일염(2작은술)

1. 3시간 이상 불린 콩을 30분 정도 삶은 후 믹서에 곱게 갈아 두유를 만든다. (무가당 두유를 대신 사용해도 된다.)
2. 만든 두유에 플레인요쿠르트를 넣고 잘 저은 후 전기밥통에 넣어 보온 상태

로 10시간 정도 발효시킨다.

3. 10시간이 지나면 두부처럼 응고되는데, 윗부분과 아랫부분을 섞어 냉장고에서 하루 정도 숙성시켜 먹는다. (보관 시간이 길어질수록 신맛이 강해진다.)

-채소 샐러드

❧ 재료(3-4회 분량)

브로콜리(1/4송이), 양배추(중1/4개), 당근(중1/4개), 양상추(두 잎), 익힌 강낭콩(1/2컵), 파프리카(약간), 소스(참깨 1컵, 올리브유 1작은술, 유자청 1큰술, 소금 1작은술을 생수를 부으면서 믹서에 곱게 간다)

1. 브로콜리는 한 입 크기로 잘라서 끓는 물에 소금을 넣고 1분간 데친다.
2. 브로콜리를 제외한 다른 채소는 한 입 크기로 잘라서 섞는다.
3. 볼에 브로콜리, 채소, 익힌 강낭콩을 섞고 소스와 함께 곁들여 먹는다.

[김치김밥과 과일] *

❧ 재료(3-4회 분량)

오분도미(1공기), 김치(1/4포기), 우엉(100그램), 단호박(중1/5개), 당근(중1/4개), 김(5장), 깻잎(10장), 고추장(1큰술), 조선간장(1큰술), 참기름(1큰술), 참깨(1큰술), 식초(약간), 올리브유(약간)

1. 오분도미를 3시간 정도 불린 후 고슬고슬하게 밥을 짓는다.
2. 김치는 물에 씻어 물기를 짠 뒤 곱게 채 썬다.
3. 우엉은 껍질을 칼등으로 벗겨 채를 썰어 식초물에 잠깐 담가 놓는다.
4. 단호박, 당근도 채 썬다.
5. 올리브유에 우엉을 볶다가 당근, 단호박, 김치를 넣고 볶는다. 재료가 다 볶

아지면 고추장, 간장으로 간을 하고 깨와 참기름을 넣는다.

6. 김은 앞뒤로 살짝 굽는다.
7. 김 위에 밥을 놓고 깻잎을 깐 후에 (5)의 김치볶음을 넣고 김밥을 만다.

※

[현미경단] *

꽃 재료(3-4회 분량)

찹쌀현미가루(500그램), 볶은 검정깨, 볶은 참깨, 익힌 콩가루 또는
으깬 팥(적당히)

1. 8시간 이상 불린 찹쌀현미를 방앗간에서 천일염을 넣고 빻는다.
2. 찹쌀가루를 익반죽하여 메추리알 크기로 동그랗게 빚는다.
3. 볶은 깨를 믹서에 갈아 색깔대로 쟁반에 펼쳐놓는다.
4. 빚어놓은 경단을 끓는 물에 넣고 동동 떠오를 때까지 기다렸다가 건져서
   찬물에 헹군다.
5. 물기를 뺀 후 (3)에 놓고 굴린다. (시간이 지날수록 맛있어져서 도시락용으로 좋
   다. 과일과 함께 먹는다.)

※

[오색채소볶음] *

꽃 재료(3-4회 분량)

토마토(중1개), 당근(중1/4개), 브로콜리(1/4개), 시금치(100그램), 가지(중1/2개),
양파(중1/2개), 다진 마늘(3개), 생강(1/2쪽), 강황가루(1/2작은술),
천일염(1작은술), 후추(약간), 바질(약간), 올리브유(약간)

1. 토마토, 당근, 가지, 브로콜리, 시금치는 한 입 크기로 자른다.
2. 팬에 올리브유를 두르고 양파가 부드러워질 정도로 볶다가 다진 마늘과 생강, 바질과 강황을 넣는다.
3. 시금치만 빼고 (1)을 (2)에 넣는다.
4. 소금, 후추로 간하고 불을 끈 후 시금치를 넣고 한 번 더 버무린다.

❈

[두부채소 그라탕] *

🌱 재료(3-4회 분량)
두부(한 모), 브로콜리(1/2개), 당근(1/4개), 양파(1/2개), 표고버섯(3개),
파프리카(노란색·붉은색 약간), 소금(1작은술), 소스(캐슈넛 2/3컵, 양파 1/2개,
소금 1/2작은술, 매실액 1큰술, 생수)

1. 두부는 4등분하여 찜기에 찐 다음, 물기가 빠지면 직사각형으로 도톰하게 썰어 소금을 뿌린다.
2. 브로콜리는 꽃모양을 살려 한 입 크기로 썰어 살짝 데친다.
3. 당근은 동글동글하게 썰고 양파는 납작하게 썬다.
4. 표고버섯은 꼭지를 떼어 4등분하고 파프리카는 정사각형 모양으로 썬다.
5. 소스 재료를 믹서에 갈아둔다.
6. 냄비에 올리브유를 두르고 표고, 당근, 양파를 살짝 볶은 다음 소금을 넣어 밑간을 한다.
7. 오븐팬에 두부를 깔고 소금을 살짝 뿌린 후 (6)을 올린 다음 브로콜리와 파프리카를 올린 후 소스를 뿌린다.
8. 180도로 예열한 오븐에서 20분 정도 구워낸다.

[콩수제비] *

재료(3-4회 분량)

검정콩(1컵), 통밀가루(300그램), 양파(1개), 대파(1대), 감자(중1개), 느타리버섯(200그램), 애호박(1/2개), 다진 마늘(1큰술), 다시마(2쪽), 천일염(1작은술)

1. 불린 검정콩을 물과 함께 믹서에 넣고 거칠게 간 뒤 밀가루에 부어 촉촉하게 반죽하여 1시간 정도 숙성시킨다.
2. 느타리는 길쭉하게 찢고, 애호박은 반달 모양으로 자른다.
3. 다시마 육수에 반달 모양으로 썬 감자를 넣고 한 입 크기로 밀가루 반죽을 떼어 넣는다.
4. 한소끔 끓어오르면 느타리, 애호박, 양파와 대파, 마늘을 넣고 간을 한다.

[부추무침] *

재료

부추(200그램), 조선간장(1큰술), 산야초액(1큰술) 또는 매실액(1큰술), 땅콩(1/2컵), 고춧가루(1큰술), 참깨(1큰술), 참기름(1/2큰술)

1. 부추는 깨끗이 씻어 5센티미터 크기로 썬다.
2. 땅콩은 껍질을 제거하고 블렌더에 5초 정도 간다.
3. 그릇에 조선간장, 산야초액, 고춧가루, 참깨, 참기름을 넣고 (1)과 (2)를 섞어 버무린다.

부추의 효능: 뜨거운 성질을 가진 여름 음식으로, 냉한 체질을 보완하여 기를 순환시키며 부추에 함유된 '황화아릴' 성분이 말초신경을 활성화하고 혈액순환을 도와준다. 클로로필, 베타카로틴, 비타민 C가 풍부하여 항산화력이 뛰어나다. 또한 칼륨을 많이 함유하고 있어서 나트륨 배출을 도와 붓기 제거와 비만 관리에 효능이 있다.

❁

[우엉조림] *

🌱 재료
우엉(1대), 현미유(1큰술), 생강(1편), 아몬드(1/2컵), 조선간장(1큰술), 물(1컵), 식초(약간)

1. 우엉은 칼등으로 껍질을 벗긴 후 어슷하게 썰어 식초물에 5분 정도 담근다.
2. 끓는 물에 우엉을 삶아서 건진다.
3. 냄비에 현미유, 잘게 썬 생강, 간장, 물을 넣고 끓인 후 우엉을 넣어 조금 더 졸인다.
4. 물이 어느 정도 줄면 아몬드를 넣고 접시에 담아낸다. (다니엘 금식이 끝나면 꿀을 넣어 졸인다.)

우엉의 효능: 장내 유익균 활동을 증진하여 면역력을 증강시킨다. 이눌린 성분이 붓기를 제거하며 피부 미용과 체중 감량에 도움을 준다.

❁

[두부톳무침] *

🌱 재료
톳(200그램), 두부(한 모), 천일염(1작은술), 참기름(1작은술),

파프리카(노란색·붉은색 약간), 피망(약간)

1. 톳은 끓는 물에 살짝 데친다.
2. 두부는 찜통에 찐 후 면보에 싸서 물기를 짜낸다.
3. 파프리카와 피망은 잘게 다진다.
4. (1), (2), (3)을 고루 섞은 후 참기름과 천일염을 넣고 버무린다.

톳의 효능: 톳은 칼슘과 철분이 풍부하고 체액을 알칼리성으로 바꿔준다. 면역력을 높이며, 식이섬유가 풍부하여 대장 내 환경을 좋게 한다.

꙯

[두부 채소 커리]

영양 만점에 색상과 풍미, 식감까지 훌륭한 이 멋진 요리를 즐겨보라! 두부는 단백질을 풍부하게 공급한다.

꙰ꙮ 재료(6회 분량)

코코넛오일(2큰술), 굵게 썬 자색양파(1개), 다진 마늘(3쪽),
반으로 가른 방울토마토(12개), 파(2대, 어슷썰기),
당근(2개, 껍질을 벗겨 어슷썰기), 골든비트(껍질을 벗겨 어슷썰기),
단단한 두부(한 모, 약 3센티미터로 깍둑썰기), 카레가루(2작은술),
고춧가루(1/2작은술), 잘게 다진 할라피뇨(1개, 선택 사항),
소금과 후추, 주키니 호박(1개, 어슷썰기), 무가당 코코넛 우유(1캔, 약 400그램),
물(1/4컵), 팽이버섯(작은 묶음 1팩), 금방 짜낸 라임 주스(1큰술),
크게 자른 고수(1/4컵), 뜨거운 현미밥(3컵)

1. 크고 깊은 편수팬에 기름을 두르고 중불에서 가열하다가 양파, 마늘, 토마토, 파, 당근, 비트를 넣고 부드러워질 때까지 3-5분 정도 볶는다.

2. 두부, 카레가루, 고춧가루, 할라피뇨, 소금, 후추를 넣고 코코넛오일과 양념으로 채소가 코팅되도록 저어준다. 뚜껑을 덮은 뒤 양파가 부드러워지고 채소에서 물이 나올 때까지 가끔 저으면서 약 15분간 끓인다.
3. 주키니 호박, 코코넛 우유, 물, 버섯, 라임 주스를 넣고 젓는다. 뚜껑을 덮고 비트가 살짝 물러질 때까지 약 10분 동안 끓인다. 고수를 넣고 저어준다.
4. 밥을 큰 접시 중앙에 놓고 채소 카레, 두부, 주스를 밥 주변에 뿌려준다.

[검은콩과 현미를 채운 피망]

페이스북 친구인 페기는 '다니엘 금식 팬 페이지'에 자기가 만든 요리를 자주 공개하였다. 검은콩과 현미를 채운 피망은 페기가 가장 좋아하는 요리며, 나도 그에 못지않게 좋아한다! 그녀가 최근 다니엘 금식을 하면서 이런 간증을 남겼는데, 참 감동적이다.

"수잔, 당신의 책은 나와 남편이 함께 다니엘 금식을 하는 데 모본이 되었어요. 나는 매일 조용히 앉아 일상사에서 나 자신을 떼어내는 시간을 갖고 있어요. 성경과 큐티 책을 읽으면서 새로운 눈으로 여정을 이어갑니다. 내 금식 목표는 나의 재능을 새로운 교회 공동체에 사용할 더 큰 목적을 구하는 것이었죠. 건강한 음식을 향한 내 열정에 다시 불이 붙었어요! 구체적인 목적과 태도, 하나님을 향한 관심에 초점을 맞춤으로써 우리를 더욱 건강하게 할 다니엘 금식 레시피를 만들어낸 거죠."

🌱 재료(4회 분량)

삶은 검은콩(2컵), 현미밥(1컵), 카놀라유(1/2큰술), 다진 자색양파(1/2개),
다진 마늘(2쪽), 할라피뇨(1개, 씨를 빼고 잘게 다진 것), 간 커민(1/2작은술),
유대식 소금과 방금 간 후추, 다진 블랙올리브(6-8개),
홍피망(대2개, 세로로 갈라 속을 제거할 것),

100퍼센트 채소 주스 혹은 토마토 주스(2컵), 잘게 썬 고수(1/4컵)

1. 삶은 콩과 현미밥을 중간 크기의 그릇에 섞어서 한쪽에 둔다.
2. 작은 편수냄비에 기름을 두르고 중불에서 가열하다가 양파, 마늘, 할라피 뇨를 넣고 무를 때까지 볶는다. 커민을 넣고 30초 더 익힌 후 소금과 후추 를 넣어 간을 한다.
3. 잘 익힌 채소를 콩밥에 넣고 자른 올리브를 넣어 섞는다.
4. 갈라놓은 피망 사이에 콩 혼합물을 넣고, 소스팬 바닥에 피망을 잘 앉힌 뒤 반쯤 잠기도록 주변에 주스를 붓는다.
5. 꼭 맞는 뚜껑을 덮고 피망이 무르고 소스가 걸죽해질 때까지 45분 정도 찐 다. 속이 촉촉하도록 피망 위에 가끔 소스를 끼얹는다.
6. 잘라놓은 고수로 모양을 낸다. 큰 접시에 그릴에서 익힌 주키니 호박과 과 카몰리(아보카도 으깬 것에 양파, 토마토, 고추 등을 섞어 만든 멕시코 요리)를 상 추 잎을 깔고 올려내어도 좋다.

✻

[패스트푸드 스파게티 디너]

요리 시간은 없는데 배는 고픈 저녁 시간에 가족을 위해 간단하고 빨리 조 리할 수 있는 메뉴다. 따뜻한 스파게티를 아삭한 그린 샐러드와 함께 내놓 으면 좋다.

❧ 재료(6회 분량)
익히지 않은 통곡물 스파게티(450그램),
껍질을 벗겨 씨를 빼고 잘게 썬 토마토(2컵, 중간 크기 5개 정도),
채식용 대체 페타 치즈 으깬 것(1컵, 아래 레시피 참조),
씨를 빼서 잘게 썬 칼라마타 올리브(1/3컵), 케이퍼(1/4컵),
엑스트라버진 올리브유(1과 1/2큰술), 소금(3/4작은술),
흑후추(1/2작은술), 간 마늘(4쪽)

1. 끓는 물에 토마토를 넣고 20초간 살짝 데친 뒤 꺼내서 찬물에 헹구어 숟가락으로 재빨리 껍질을 벗긴다.
2. 소금과 기름을 넣지 않고 파스타를 삶은 뒤 건져서 물기를 **뺀다.**
3. 토마토와 남은 재료를 큰 그릇에 섞는다. 파스타를 넣고 재료가 잘 섞이도록 비빈다. 즉시 먹는다.

❖

[대체 페타 치즈]

샐러드 또는 파스타를 만들 때 사용하라. 하루 전에 만들어두면 가장 좋다. 시간이 여의치 않다면 즉석에서 만들어도 된다.

❧ 재료(6회 분량)
올리브유(1/4컵), 물(1/4컵), 사과식초(1/2컵), 소금(2작은술),
말린 바질(1큰술), 말린 오레가노(1작은술), 말린 양파(1/2작은술),
후추(1/2작은술), 고춧가루(조금),
허브 향이 가미된 단단한 두부(450그램, 깍둑썰기를 하거나 으깨어 준비한다)

1. 두부를 뺀 모든 재료를 그릇에 넣고 휘젓는다.
2. 두부를 넣고 다시 저어준다. 적어도 한 시간 이상 그대로 둔다.

스프와 스튜

스프와 스튜는 다니엘 금식 기간 동안 점심과 저녁의 중심이 된다. 대체로 만들기 쉽고 빨리 조리할 수 있다. 영양도 풍부하고 풍미도 좋다. 양을 넉넉히 만들어서 냉동실에 얼려두었다가 사용하면 큰 도움이 된다. 또 스프와 스튜를 일 인분씩 얼려두면 점심 식사로 활용할 수 있다.

여기에 소개한 레시피를 그대로 활용해도 좋고, 자신과 가족이 좋아하는 재료를 추가해 응용해도 좋다.

식사 대용으로 스프를 먹으면 체중 감량에 도움이 된다. 스프는 먹는 데 시간이 더 걸리고 다른 고형식품보다 수분이 많다. 우리 몸은 뇌에게 충분한 음식을 먹었다는 신호를 보내는 시스템을 갖추고 있는데, 그 메시지가 뇌에 전달되려면 약 20분이 걸린다고 한다. 그러니까 천천히 먹으면 하나님이 창조하신 시스템이 잘 작동되는 데 필요한 시간을 허락하는 것이다. 음식을 너무 빨리 먹으면 우리 시스템이 알아차리기도 전에 너무 많은 칼로리를 섭취하게 된다. 스프는 종종 하나님이 의도하신 대로 우리 몸이 작동할 수 있도록 시간을 주며 식욕을 충족시킨다.

습관적으로 과식을 하면 우리의 감각들이 뇌가 내리는 신호에 둔감해져 충분히 먹었으니 그만 먹어도 된다는 명령을 듣지 못하게 된다. 다니엘 금식은 우리 몸에 탑재된 통제력을 회복하도록 돕는다.

(스프를 만들 때는 믹서보다는 스틱형 블렌더가 아주 유용하다.)

[노란당근 스프]

달콤한 당근으로 온 가족이 즐길 수 있는 맛있는 스프를 만들 수 있다. 이 스프는 냉동 보관하기에도 좋다. 스프를 식힌 다음 지퍼팩에 담아 냉동실에 차곡차곡 쌓아 보관했다가 해동해서 먹으면 된다.

❧ 재료(6회 분량)

올리브유(2큰술), 잘게 썬 양파(대1개), 잘게 썬 샐러리(3줄기), 다진 마늘(2작은술), 얇게 썬 당근(4컵), 이탈리안 허브(1작은술),

말린 바질(1작은술), 채소수(약 1리터), 소금(1작은술),
흑후추(1/2작은술, 흑후추는 바로 갈아서 쓰는 것이 좋다),
장식을 위한 이탈리안 파슬리

1. 큰 냄비에 기름을 두르고 중불에 가열한다. 양파, 샐러리, 마늘, 당근, 이탈리안 허브와 바질을 넣고 약 10분간 볶는다.
2. 만들어놓은 채소수를 넣고 뚜껑을 덮어 당근이 물러질 때까지 약 25분간 불을 조절하며 익힌다.
3. 익힌 재료를 블렌드를 이용해 간다.
4. 소금과 후추로 간을 하고 개별 그릇에 담아 장식하여 낸다.

※

[흰강낭콩 클래식 스프]
　맛도 있고 일주일 정도 냉장 보관하기에도 좋다. 물론 냉동하기에도 좋다.

❦ 재료(8회 분량)
흰강낭콩(450그램), 채소수(6컵), 물(4컵), 작게 썬 양파(1개),
자른 샐러리(2줄기), 깍둑썰기 한 당근(1개), 다진 마늘(4쪽), 월계수잎(1장),
토마토 페이스트(3큰술), 소금(1과 1/2작은술), 흑후추(1/2작은술),
다진 이탈리안 파슬리(1/4컵), 잘게 다진 이탈리안 파슬리(1/4컵, 장식용)

1. 마른 콩을 씻어 큰 냄비에 담고 푹 잠기도록 물을 부어 밤새 혹은 8시간 이상 불린다.
2. 콩을 씻어 건져 큰 냄비에 넣고 채소수, 물, 양파, 샐러리, 당근, 마늘, 월계수 잎도 함께 넣고 끓인다.
3. 끓기 시작하면 중약불로 줄인다. 뚜껑을 반만 덮어서 콩이 거의 무를 때까지 약 1시간 은근히 익힌다.

4. 토마토 페이스트와 소금을 넣고 냄비 뚜껑을 반쯤 덮은 상태에서 콩이 완전히 물러질 때까지 30-45분 정도 익힌다.
5. 월계수잎을 꺼낸다. 블렌더로 건더기가 반쯤 남도록 간 다음 후추와 파슬리를 넣고 다시 끓여 소금과 후추로 간을 한다.
6. 개별 그릇에 담고 잘게 다진 파슬리로 장식하여 낸다.

※

[렌틸 스프]

렌틸콩의 맛과 영양가가 알려지면서 더욱 인기를 끌고 있다. 집에서 만든 크래커와 샐러드와 함께 먹으면 더욱 좋다.

✧ 재료(6-8회 분량)
물(2리터), 렌틸콩(3컵, 2-3시간 불려놓는다), 소금(2작은술), 올리브유(2큰술),
다진 양파(대1개), 잘게 썬 샐러리(2줄기), 썬 당근(3컵),
다진 마늘(2쪽), 깍둑썰기 한 토마토(800그램), 레몬 주스(2큰술),
적포도주(2큰술), 흑후추(조금), 말린 허브(조금)

1. 큰 냄비에 물을 붓고 중불에서 끓이다가 렌틸콩을 넣은 다음 뚜껑을 덮고 불을 줄여 20분간 삶은 뒤 소금을 넣는다.
2. 렌틸콩이 익는 동안, 큰 편수팬에 기름을 두르고 양파, 샐러리, 당근, 마늘이 부드러워질 때까지 중불에서 10분 정도 볶는다.
3. 익힌 채소 혼합물을 렌틸콩에 부어 토마토, 레몬 주스, 식초를 넣고 후추로 간한다.
4. 끓으면 렌틸콩이 완전히 무를 때까지 30분 정도 뚜껑을 열고 삶는다. 농도가 너무 진하면 물을 보충한다.
5. 상에 내기 전에 간을 맞추고 갈아둔 허브로 장식한다.

샐러드

다니엘 금식 기간에는 평소보다 샐러드를 많이 먹게 될 것이다. 그러면 몸은 기뻐하고 허리둘레는 줄어든다! 샐러드는 몸이 필요로 하는 섬유소를 풍미와 식감을 즐기며 섭취할 수 있는 최고의 메뉴다.

여기 소개하는 샐러드들은 사이드 메뉴로는 물론 주메뉴로도 먹을 수 있다. 가족과 함께 만들어도 좋다. 샐러드를 안 먹던 아이들도 자신의 노력이 들어간 음식이면 비교적 잘 먹게 된다.

주로 쓰는 샐러드 재료

콩류(익힌 강낭콩, 검은콩, 병아리콩 등), 씨앗류(해바라기씨, 호박씨, 양귀비씨), 견과류(아몬드, 호두, 피칸, 땅콩, 캐슈 등), 신선한 과일(딸기, 오렌지, 포도, 자몽, 귤 등), 건과일(포도, 복숭아, 대추야자 등), 코코넛, 양파, 올리브, 케이퍼, 비트, 껍질콩 또는 깍지완두, 오이, 버섯 등.

[토마토와 허브가 들어간 흰콩 샐러드]

맛도 좋고 색감도 좋은 샐러드다. 흰콩과 붉은색 토마토, 푸른 상추, 양파와 허브의 조화는 아름답기까지 하다!

재료(4회 분량)

흰강낭콩 또는 카넬리니콩(각 450그램 2캔, 헹구어 물을 뺀다),
씨를 제거하고 잘게 썬 토마토(2컵), 적당히 썬 샐러리(1/2컵),
채 썬 당근(1/3컵), 다진 양파(1/3컵), 신선한 파슬리(1/4컵), 간 샬롯(1큰술),

백포도주 식초(1/4컵), 엑스트라버진 올리브유(2큰술), 디종머스타드(2작은술), 다진 신선한 로즈마리(1작은술), 다진 신선한 타임(1작은술), 소금(선택 가능), 흑후추, 채 썬 상추(4컵)

1. 큰 그릇에 콩, 토마토, 샐러리, 당근, 양파, 파슬리와 샬롯을 넣고 잘 섞어 준다.
2. 작은 그릇에 식초, 올리브유, 머스타드, 로즈마리, 타임, 소금(선택 사항), 후 추를 넣고 잘 젓는다.
3. 소스를 (1)에 붓고 소스가 잘 묻도록 살살 버무린다. 채 썬 상추를 개인 접 시에 담은 뒤 샐러드를 올려 낸다.

꽃

[아시안 국수 샐러드]

꽃 재료(4회 분량)

얇은 스파게티 국수(230그램), 카놀라유(2큰술), 다진 신선한 고수(1/4컵), 간장(3큰술), 레몬 주스 혹은 라임 주스(2큰술), 간 마늘(1큰술), 간 생강(1작은술), 참기름(1작은술), 땅콩버터(1작은술), 고춧가루(1/8작은술), 오이 1컵(껍질을 벗기고 씨를 제거한 뒤 적당히 썬다), 슬라이스한 깍지완두(1컵), 잘게 썬 홍피망(1/2컵), 파인애플(1/2컵), 소금(1/8작은술), 흑후추(1/8작은술)

1. 물이 끓으면 국수를 넣고 삶는다. 건져서(헹구지 않는다) 카놀라유를 섞어 한쪽에 둔다.
2. 큰 그릇에 고수, 간장, 레몬 주스, 마늘, 생강, 참기름, 땅콩버터, 고춧가루 를 혼합하여 잘 섞는다.
3. 오이, 깍지완두, 피망, 파인애플, 국수를 넣고 섞어준다. 상온에 1시간 뚜껑 을 덮어 숙성시킨다. 가끔 뒤집어 채소와 파인애플로 향이 스며들게 한다.

4. 소금과 후추로 간하고 잘 버무려 낸다.

✹

[콩 파스타 샐러드]

이 샐러드는 정말 용도가 다양하다. 전채요리나 사이드 메뉴로도 좋고, 점심 도시락용으로도 좋다.

❧ 재료(8회 분량)
익힌 팥(1과 1/2컵), 삶아서 물을 빼고 올리브유를 조금 넣은
미니 쉘파스타(2컵), 냉동 완두콩과 당근(2컵. 물기를 제거한다),
자른 샐러리(1/2컵)
드레싱 재료: 미리 준비해둔 간이 된 오일과 식초 드레싱(1/4컵),
소이마요네즈(1/4컵), 다진 이탈리안 파슬리(2큰술), 소금(1/2작은술),
흑후추(1/8작은술)

1. 콩, 파스타, 완두콩, 당근과 샐러리를 섞는다. 미리 준비한 샐러드드레싱, 소이마요네즈, 파슬리, 소금, 후추를 넣고 잘 섞는다.
2. 1시간 정도 냉장고에 넣어두었다가 차게 먹어도 좋다.

✹

[양배추, 사과, 생강 샐러드]

❧ 재료(6회 분량)
식초(2큰술), 라임 주스(1/4컵), 간 생강(1작은술),
호두유 또는 식물성유(1/4컵), 샐러리씨(1/2작은술), 소금(1/4작은술),
흑후추(1/8작은술), 채 썬 녹색양배추(1/4통),

사과(대2개, 껍질째 채 썰어 준비한다)

1. 식초, 라임 주스, 생강을 큰 믹싱볼에 넣고 섞어준다. 기름을 조금씩 넣으면서 휘젓다가 샐러리씨, 소금, 후추를 넣는다.
2. 양배추와 사과를 넣고 소스가 고루 묻도록 부드럽게 버무린다.
3. 30분 정도 냉장 보관했다가 먹는다.

✳

[카레 콩밥 샐러드]

한 끼 식사로도 손색이 없는, 맛이 좋고 영양이 풍부한 샐러드다.

᎒ 재료(4회 분량)

카놀라유(1큰술), 카레가루(1작은술), 채소수(3/4컵), 현미쌀(1/3컵),
자른 샐러리(1/4컵), 자른 파(2큰술), 자른 피망(2큰술), 라임 주스(1큰술),
익힌 강낭콩(2컵, 캔에 들어 있는 콩도 가능하다), 소이마요네즈(1/4컵),
구운 아몬드(2큰술), 소금(1/4작은술), 흑후추(조금), 자른 토마토(1개),
줄기 있는 파슬리

1. 팬에 기름을 두르고 중불에서 가열하다가 카레가루를 넣고 몇 초간 볶은 뒤 채소수를 넣고 끓인다.
2. 쌀을 넣고 뚜껑을 덮어 물이 전부 잦아들어 밥이 될 때까지 약 20분간 불을 조절하며 익힌다.
3. 샐러리, 파, 피망, 라임 주스를 넣고 섞어 냉장고에 1-2시간 두어 차게 식힌다.
4. 먹기 전에 콩, 소이마요네즈, 아몬드를 섞어놓은 밥에 넣는다. 소금과 후추로 간한다.
5. 토마토와 파슬리로 장식하여 낸다.

[고구마 샐러드]

감자 샐러드를 멋지게 대체할 메뉴로서, 감자보다 영양가는 많고 칼로리는 적다. 우리 집 최고 레시피다.

✌ 재료(8회 분량)

고구마(4개), 소이마요네즈(1/4컵), 디종머스타드(1큰술),
샐러리(4줄기, 어슷 썬다), 홍피망(소1개, 씨를 빼고 작은 크기로 썬다),
깍둑썰기 한 파인애플(1컵), 파(2대), 소금과 흑후추,
굵게 다져 구운 피칸(1/2컵), 굵게 다진 쪽파(1/4컵, 장식용)

1. 오븐을 400도로 예열한다.
2. 고구마를 포일로 각각 싸서 한 시간 정도 구워 익힌다.
3. 손질하기 쉽게 고구마를 식힌다. 껍질을 벗기고 2센티미터 크기로 썬다.
4. 큰 그릇에 소이마요네즈와 머스타드를 혼합한다. 고구마, 샐러리, 피망, 파인애플, 파를 넣고 가볍게 섞어 소금과 후추로 간을 한다.
5. 뚜껑을 덮은 뒤 냉장실에 1시간 이상 넣어둔다. 뚜껑을 덮어 냉장실에 넣으면 하루는 보관할 수 있다. (싱거워질 수 있으니 먹기 전에 간을 다시 보라.)
6. 그릇에 내기 전에 피칸을 넣고 쪽파로 장식한다. 차갑게 먹는다.

샐러드 드레싱

시판 제품 중에 다니엘 금식에 맞는 드레싱을 찾기란 하늘의 별따기다. 대부분 당류가 들어 있고, 화학성분이나 유제품도 들어 있다. 간단한 원칙만 배우고 나

면 자신만의 드레싱을 손쉽게 만들 수 있다.

1. 샐러드드레싱은 샐러드에 들어가는 재료 본연의 맛을 보완해주는 것이어 야 한다.
2. 드레싱은 두 종류로 나뉜다. 바로 '비네그레트'와 '크림 스타일 드레싱'이다. 비네그레트는 잘 섞이지 않는 기름과 산을 혼합하여 두 가지가 유화되도록 한 것이다. 크림 스타일 드레싱은 마요네즈(다니엘 금식에서는 소이마요네즈) 처럼 유화된 상태의 드레싱이다.
3. 비네그레트는 대개 식초 1, 기름 3의 비율을 기본으로 하여 여러 허브와 양 념을 다양하게 활용한다. 먼저 허브, 양념, 소금을 식초에 넣은 다음, 기름 을 조금씩 혼합물에 떨어뜨리면서 휘저어 드레싱이 유화되어 걸쭉해지게 한다. 먹기 전에 만들면 좋고, 보관했다면 먹기 전에 다시 저어주어야 한다.

❄

[기본 드레싱]

🥄 재료(1컵 분량)
적포도주 식초(1/4컵), 말린 오레가노(1작은술), 다진 마늘(2쪽),
디종머스타드(1/2작은술), 소금(1작은술), 후추(1/2작은술),
엑스트라버진 올리브유(1/2컵)

1. 식초, 오레가노, 마늘, 머스타드, 소금, 후추를 작은 그릇에 분량대로 담 는다.
2. 재료들을 함께 휘저으면서 유화될 때까지 올리브유를 조금씩 흘려 넣 는다.

❄

[머스타드 비네그레트]

🌿 재료(반 컵 분량)
곱게 다진 마늘(1쪽), 디종머스타드(1큰술), 발사믹 식초(3큰술),
간장 혹은 타마리소스(1작은술), 소금, 흑후추, 엑스트라버진 올리브유(1/2컵)

1. 올리브유를 제외한 모든 재료를 작은 그릇에 넣고 섞는다.
2. 유화될 때까지 올리브유를 조금씩 흘려 넣으며 젓는다.

※

[크림 소이마요네즈 드레싱]

🌿 재료(반 컵 분량)
소이마요네즈(1/2컵), 간 홍피망(중1개), 다진 건포도(1/4컵),
사과식초(1큰술), 카레가루(1/4작은술)

1. 모든 재료를 그릇에 담아 잘 섞일 때까지 혼합한다.
2. 먹기 좋게 손질한 양배추나 상추 위에 뿌려 낸다.

※

[마늘 머스타드 드레싱]

🌿 재료(반 컵 분량)
마늘(1/2통), 디종머스타드(1/2작은술), 사과 주스(1/4컵), 발사믹 식초(1/4컵),
엑스트라라이트 올리브유(2큰술), 소금(1/2작은술), 흑후추(1/8작은술)
1. 오븐을 400도로 예열한다.

2. 윗부분을 잘라 2.5센티미터 높이쯤 되는 마늘을 포일에 싸서 40–45분 정도 구워 익힌다.
3. 마늘이 어느 정도 식으면 다지기나 믹서에 넣어 다진다.
4. 나머지 재료들을 넣어 부드럽게 섞은 다음 사과 주스를 넣는다.
5. 7일까지 냉장 보관 가능하다.

※

[오일 레몬 기본 드레싱]

이 드레싱을 텅 빈 캔버스라고 생각하고 자신만의 그림을 그려보자. 이 기본 드레싱에 허브와 다른 양념을 추가해서 여러 날 동안 쓸 수 있는 충분한 분량을 만들어놓자. 밀폐용기에 담아 냉장 보관하라.

❧ 재료(4회 분량)

엑스트라버진 올리브유(6큰술), 신선한 레몬 주스(1과 1/2큰술),
원하는 종류의 허브와 양념, 소금과 흑후추

1. 오일과 주스가 유화될 때까지 휘젓는다.
2. 생허브나 마른 허브, 원하는 양념을 넣고 다시 저어준다. 소금과 후추로 간을 한다.
3. 샐러드 위에 뿌리고 고루 섞는다.

천연 양념

다니엘 금식 기간 동안 당면하는 도전 중 하나는 먹을 수 있는 재료에 맞는 양념을 찾는 것이다. 직접 양념을 만드는 것이 가장 신선하고 경제적 부담도 없다. 여기 소개하는 소이마요네즈와 무가당 케첩은 맛도 좋지만 칼로리 부담도 적다.

[소이마요네즈]
  두유로 마요네즈 만들기가 매우 쉬워서 나는 이제 마요네즈를 사지 않는다. 소이마요네즈를 만들어서 전통적인 마요네즈를 대체해보라.

재료(1컵 분량)
두유(1/2컵), 레몬 주스(2큰술), 간을 위한 천일염(조금만 넣어보고
간이 더 필요하면 추가한다), 식초(1큰술), 카놀라유 또는 올리브유(1/2컵)

1. 두유, 레몬 주스, 식초, 소금을 블렌더에 넣고 잘 섞는다.
2. 기계가 돌고 있는 동안 기름을 천천히 흘려 넣는다.
3. 크림같이 될 때까지 5분 정도 돌린다.
4. 허브와 향신료를 더하여 창조적인 맛을 내라. 잘 섞일 정도만 돌린다.
5. 밀폐용기에 담아 냉장 보관한다.

  (일반 마요네즈는 달걀로 만들기 때문에 다니엘 금식에서는 허용하지 않는다. 소이

마요네즈는 금식 기간 동안에는 물론 평상시에 먹어도 좋다.)

⁂

[두부마요네즈]

❦ 재료(1컵 분량)
깍둑썰기 한 부드러운 두부(1컵), 올리브유(4큰술), 레몬 주스(3작은술),
사과 농축액(1작은술), 천일염(1/4작은술)

1. 두부, 올리브유, 레몬 주스, 사과 농축액, 소금을 블렌더에 넣고 뚜껑을 닫
   아 잘 갈아준다.
2. 밀폐용기에 담아 냉장 보관한다.

⁂

[다니엘 금식 케첩]
　　설탕을 넣지 않은 케첩으로 집에서 손쉽게 만들 수 있다.

❦ 재료(3컵 분량)
토마토 페이스트(1컵), 토마토 소스(2컵), 사과 주스(2큰술), 코셔소금(1작은술),
다진 정향(1/4작은술), 다진 올스파이스(1/8작은술)

1. 토마토 페이스트, 토마토 소스, 사과 주스, 소금, 다진 정향, 다진 올스파이
   스를 팬에 넣고 섞는다. 중불에서 끓이다가 끓으면 불을 줄여 뚜껑을 연 채
   로 걸쭉해질 때까지 20분 정도 졸인다.
2. 밀폐 용기에 담아 냉장 보관한다.

※

[신선한 토마토로 만든 다니엘 금식 케첩]

✼ 재료(4컵 분량)

잘 익은 토마토(2킬로그램, 씨를 빼고 큼지막하게 자른다), 사과 주스(2큰술),
크게 자른 양파(2개), 샐러리 잎(살살 담아 1/2컵), 식초(1/2컵),
코셔소금(1작은술), 월계수잎(1장), 다진 정향(1/4작은술),
다진 올스파이스(1/8작은술)

1. 토마토, 사과 주스, 양파, 샐러리 잎, 식초, 소금, 월계수잎, 정향, 올스파이
   스를 팬에 넣고 섞는다. 중불에서 끓이다가 끓으면 불을 줄여 뚜껑을 연 채
   로 졸인다. 3시간 정도 걸쭉해질 때까지 졸인다.
2. 간과 당도를 조절한다. 월계수잎은 빼내고 조금씩 나누어 블렌더에 넣고 뚜
   껑을 덮어 잘 섞이도록 돌린다. 케첩을 체에 밭쳐 거른다.

※

[캐슈버터]

땅콩버터 대신에 쓸 수 있는 이 놀라운 음식은 드레싱이나 소스를 크림식으
로 만들기 위해 사용하는 레시피다. 캐슈는 반드시 밀봉 보관한 것을 사용
해야 하는데, 지방이 많아 금방 산패하기 때문이다.

✼ 재료(2컵 분량)

소금을 넣지 않은 통 캐슈(가능하면 날 것, 2컵), 식물성 기름(2큰술 이상),
소금(1/4작은술)

1. 캐슈와 기름, 소금을 블렌더에 넣고 고속으로 약 30초간 돌린다.
2. 옆면에 묻은 것까지 모두 긁어 캐슈버터가 될 때까지 다시 돌린다.

3. 원하는 점성이 될 때까지 기름을 조금씩 더 넣는다.
4. 캐슈버터를 밀폐용기에 넣어 냉장 보관한다. 다른 요리의 재료로 쓰거나 땅
   콩버터 대용으로 쓴다.

   (땅콩버터도 위와 같은 방법으로 만들면 된다.)

나만의 '다니엘 금식' 식단

일자	아침	점심	저녁	간식	실천 여부
1					
2					
3					
4					
5					
6					
7					

일자	아침	점심	저녁	간식	실천 여부
8					
9					
10					
11					
12					
13					
14					

다니엘 금식, 뜻을 정하여

일자	아침	점심	저녁	간식	실천 여부
15					
16					
17					
18					
19					
20					
21					

2

자주 하는 질문

Q. 가족 모두 다니엘 금식에 들어가려 합니다. 어린아이들이 금식을 해도 괜찮을까요? 큰아이가 여섯 살입니다.

A. 유대법에 따르면, 자녀들은 '성년'이 될 때까지는 자신의 행동에 대해 책임지지 않아도 되는데, 남자의 경우는 열세 살, 여자의 경우는 열두 살까지라고 합니다. 성년이 되면 유대식 관례, 전통과 윤리에 대해 자신이 책임을 지기 시작하며, 유대인 공동체의 모든 영역에 참가할 자격이 주어집니다. 이 시기 전까지는 자녀가 유대법과 전통을 준수하도록 해야 할 책임이 부모에게 있습니다. 십 대 이전의 자녀라면, 건강과 성장의 문제도 부모가 고려해야 할 사항입니다. 금식과 관련해 자녀들에게 가르쳐야 하는 핵심은 금식이 영적 훈련의 일부라는 사실입니다. 어떤 음식을 제한하는 것이 금식의 순기능을 경험할 수 있을지 자녀들에게 질문한다면 효과적인 교육이 되

리라고 생각합니다.

Q. 금식 기간은 어느 정도가 좋을까요? 다니엘 금식은 언제나 21일을 해야 하나요?

A. 다니엘 금식은 대개 21일간 진행합니다. 하지만 정한 기간이 있는 것은 아닙니다. 제 경우, 짧게는 10일 길게는 50일까지 금식을 하고 있습니다. 금식을 하는 목적이 무엇인지 생각하고 얼마나 금식을 해야 할지 성령께 알려달라고 요청하십시오. 답을 쓰고 있는 지금, 저는 21일간 금식을 계획하고 있지만, 금식 기간이 끝날 때쯤에는 금식 기간 연장 여부를 놓고 성령께 '확인'을 받을 것입니다. 개인적인 상황도 금식 기간을 결정하는 요인이 됩니다.

Q. _____이 식품 목록에 보이지 않습니다. 다니엘 금식 기간에 그것을 먹을 수 있나요?

A. 어떤 식품이 다니엘 금식에 맞는지 아닌지의 여부를 판단하는 가장 쉬운 방법은 이 금식법이 엄격한 완전 채식 식단을 토대로 진행된다는 것입니다. 그러니 모든 과일과 채소는 당연히 허용됩니다. 모든 통곡물, 씨앗류, 견과류도 허용되지요. 올리브유 같은 좋은 기름들, 허브 그리고 양념도 허용됩니다. 동물성 식품은 제한합니다. 모든 가당류도 금합니다. 모든 화학적 식품과 인공적 제품도 제한합니다. 당연히 알코올, 카페인 그리고 기타 자극성 제품도 제한합니다.

Q. 다니엘 금식 기간에 배우자와 성관계를 하는 것은 괜찮습니까?

A. 바울은 고린도전서 7장 5절에서 부부관계를 기피하지 말라고 가르칩니다. "서로 분방하지 말라 다만 기도할 틈을 얻기 위하여 합의상 얼마 동안은 하되 다시 합하라 이는 너희가 절제 못함으로 말미암아 사탄이 너희를 시험하지 못하게 하려 함이라." 부부는 금식 기간 동안 성관계를 금하지 않아도 됩니다. 하지만 많은 분이 금식 기간 동안 하나님께 더 집중하면서 서로에 대한 사랑과 존경을 표현하는 다른 방법을 찾아보는 강력한 경험을 한다고 고백하고 있습니다.

Q. 허브차는 왜 안 되나요? 그건 아무런 화학성분이나 단 것도 들어 있지 않은데요?

A. 많은 분이 자주 하는 질문입니다. 다니엘서 1장 12절에 그 선지자가 오직 '마실 물'만 요구했다고 되어 있기 때문에 다니엘 금식에서는 차를 허용하지 않습니다. 다니엘 금식에서 유일한 음료는 물입니다. 물에 레몬이나 오이 조각 또는 민트잎 정도만 띄워도 상쾌하게 먹는 데 충분할 것입니다. 물이 차 수준으로 넘어가게만 하지 않으면 됩니다.

Q. 정수된 물을 먹어야 할 텐데 금식 기간 동안 생수를 사서 마셔야 하나요?

A. 그렇지 않습니다. 반드시 시판용 생수를 마셔야 하는 것은 아닙니다. 하지만 금식 기간 동안 정수물병 정도는 구비하는 것이 좋습니다. 여러 종류가 있으며 25달러 정도면 구입할 수 있습니다. 물을

정수해서 마시면 건강에 좋으므로, 꼭 금식을 위해서가 아니더라도 이번 기회에 하나 장만하면 좋을 것입니다.

Q. 성경을 읽으면 다니엘은 오직 채소와 물만 먹고 마셨다고 합니다. 그런데 이 책에서는 과일도 먹을 수 있다고 하네요. 왜 과일은 허용 하나요?

A. 예전의 번역에서는 동물에서 나오지 않고 씨에서 나온 식물을 가리 켜 'pulse'라는 단어를 사용했습니다. "청하오니 당신의 종들을 열 흘 동안 시험하여 **채식**을 주어 먹게 하고 물을 주어 마시게 한 후 에"[Prove thy servants, I beseech thee, ten days; and let them give us **pulse** to eat, and water to drink(단 1:12, KJV)]. 많은 성경 이 이 'pulse'라는 단어를 '채식'이라고 번역합니다. 하지만 여러 성 경학자와 메튜 헨리를 포함한 주석가들은 다니엘과 그 친구들에게 주어졌던 그 'pulse'가 식물성 음식이라는 데 동의합니다.

Q. 다니엘 금식 기간 동안 운동을 해도 되나요?

A. 물론입니다. 금식 기간에 운동을 하는 것이 좋습니다. 하지만 운동 을 심하게 하면 충분한 단백질을 섭취하고 싶을 것입니다. 그래서 잎이 있는 채소들, 통곡물, 견과류, 콩밥, 콩 제품들에서 단백질을 충분히 섭취해야 합니다. 단백질이 충분하지 못하다고 생각하면, 생선이나 닭고기를 먹어 단백질을 보충하고 싶은 마음이 들면서 금 식 범위를 벗어나고 싶은 충동이 생길 수 있습니다.

Q. 다니엘 금식 기간 동안 읽으면 좋은 성경 말씀을 추천해주세요.

A. 다니엘서를 읽으면 좋습니다. 노예로 잡혀 있으면서도 하나님에 대한 깊은 믿음을 유지했던 그 히브리 남자들의 성품과 신앙에 집중해보기를 추천합니다.

Q. 출장이나 식사 약속 또는 특별 행사에 참석해야 하는 경우에는 어떻게 해야 할까요?

A. 미리 계획을 해서 그런 상황을 피하는 것이 가장 좋습니다. 그럴 수 없다면, 견과류와 (현미)떡 같은 간식거리, 채소가 나오면 뿌려 먹을 직접 만든 샐러드드레싱 등을 가지고 가면 됩니다. 여행을 할 때는 채식 식당을 찾거나 채식 메뉴를 골라 드시면 됩니다. 요즘은 특별 식단을 요구하는 사람들이 많기 때문에 비교적 쉽게 찾을 수 있을 것입니다. 하지만 피할 수 없는 상황에 처할 수도 있습니다. 그럴 때는 최선을 다하고, 집으로 와서 다시 다니엘 금식이 권하는 제한식으로 돌아오십시오.

다른 사람의 집에 저녁 식사 초대를 받았다면, 그 집주인에게 미리 전화하여 일시적인 특별식을 하고 있다고 말하고 간단한 채식 샐러드를 부탁하십시오. 그 상황에서 가장 아름답게 처신하는 방법으로서 잠시 금식 멈춤 단추를 누를 수도 있습니다. 다만 적절하게 드십시오. 자신의 식욕을 만족시킬 정도가 아니라 초대한 주인을 기쁘게 할 정도로만 드십시오.

Q. 다니엘 금식에서는 와인을 허용하지 않는데 적포도주 식초는 괜찮은가요?

A. 다니엘 금식에서 경계선에 있는 매우 까다로운 문제입니다. 식초에 들어 있는 아주 적은 양의 알코올은 취하게 할 염려가 없습니다. 그리고 이 경우에 적포도주는 향을 위한 것이기에 허용하는 것입니다.

Q. 유일한 음료는 물이라고 했는데 스무디를 마시는 것은 괜찮은가요? 먹어도 된다면, 스무디에 단백질 가루를 첨가해도 될까요?

A. 스무디는 음료 범주에 넣지 않습니다. 스프와 같은 '묽은 식사'도 있기 때문에 스무디를 허용하는 것입니다. 단백질 가루의 경우, 다니엘 금식에 부합하다면 괜찮습니다. 즉, 유제품, 가당류, 화학성분이 들어가 있지 않아야 합니다. 콩 단백질을 기본으로 한 무가당 단백질 가루를 알아보십시오.

Q. 다니엘 금식 기간 동안 사과와 밥을 먹어도 되나요? 다니엘이 살던 시절에는 그런 음식을 먹을 수 없었을 텐데요.

A. 네. 괜찮습니다. 그 외의 식품들도 그것들이 씨앗에서 나온 것이면 됩니다. 금식 기간 중에 반드시 다니엘이 먹었던 음식만을 먹으려고 하는 것은 아닙니다. 그보다는 그들이 금식하면서 채택했던 제한들을 따라하려는 것입니다. 만약 사과와 (현미)밥이 다니엘 시대에 있었다면, 그가 세운 제한에 비춰볼 때 다니엘도 그것을 식단에 포함시켰을 것입니다.

Q. 다니엘 금식 기간 동안 약을 복용해도 되나요? 비타민제와 영양제 같은 건강보조식품은 어떻습니까?

A. 금식을 하다가 건강을 해쳐서는 안 됩니다. 의사가 약을 처방해주었다면 금식 기간에도 당연히 계속해서 복용해야 합니다. 마찬가지로 비타민과 영양제도 허용됩니다. 가능하다면 가당류나 인공화학 물이 들어 있지 않은 영양제를 선택하십시오.

Q. 당뇨병을 앓고 있는데 다니엘 금식이 안전한지 궁금합니다.

A. 다니엘 금식 중에 혈당을 반드시 점검하고, 또 이 금식법이 일반적인 식단과 크게 달라지는 것이라면 의사와 꼭 상담하십시오. 하지만 당뇨병을 앓던 분들 가운데 많은 분이 다니엘 금식으로 자신들의 건강이 많이 좋아졌고 혈당도 균형 잡혔으며 지금도 건강한 식사를 통해 당뇨를 조절하고 있다는 보고를 해오고 있습니다. 하지만 자신의 건강에 맞도록 금식을 조절할 필요도 있을 것입니다.

Q. 저는 카페인을 끊으면 두통, 피로감, 우울증 같은 금단 증상이 있습니다. 그런 증상은 얼마나 오래 지속될까요? 이 증상을 완화시킬 수 있는 방법은 없습니까?

A. 금식을 시작하기 전에 카페인을 조금씩 줄여가는 것이 최선입니다. 하지만 그렇게 하지 못했다면 매일 적어도 1.8리터 이상의 물을 마시고 아침과 저녁에 400밀리그램 용량의 비타민을 드십시오. 또 오래걷기가 해독하면서 생기는 증상을 줄여준다고 합니다. 금단 증상은 대개 3-5일 지나면 사라집니다. 만약 그 증상이 매우 심각하여

일상생활에 큰 지장을 준다면 적은 양의 커피를 마시고 그 양을 줄여가십시오. 일주일 이내에 전혀 마시지 않을 수 있도록 말입니다. 디카페인 커피를 마시되, 증상이 사라질 때까지 하루 마시는 커피 양의 50퍼센트 정도 먹으면서 줄여가십시오. 다시 강조하지만, 매일 적어도 1.8리터의 물을 꼭 마셔야 합니다.

Q. 다니엘 금식에 대해 질문이 생기면 어떻게 해야 할까요?

A. 가장 좋은 방법은 http://www.Daniel-Fast.com에 들어가서 'Blog'를 클릭하는 것입니다. 거기에는 전 세계 수천 명이 올려놓은 포스팅이 있으므로 질문에 대한 답변을 찾을 수 있을 것입니다. 그것을 읽고도 도움이 필요한 상황이라면 'Contact'를 클릭하여 저한테 메일을 보내십시오.

감사의 말

이 자리를 빌려 나의 '평생후원팀' 회원들에게 감사를 드린다. 그분들은 여러 해 동안 내 옆에서 나를 위해 투자했다. 이분들께 진심으로 감사드린다! 그 이름을 열거하자면 끝이 없을 테지만, 특별히 에린 비숍, 린 치텐든, 믹 플레밍, 놀 앤 호세이, 시드 캐플란, 마이클 메인, 토니아 푸겔, 릴리 살라스, 데이비드 솔츠만과 린다 솔츠만 목사 부부, 그리고 엘렌스버그 포스퀘어 교회, 애비 텔라 목사, 폴 왈디, OMI(그리스도인의 사랑을 보여주는 살아 있는 간증인), 그리고 나의 사랑하는 자녀와 손주에게 특별히 감사드린다.

지혜와 경험 그리고 특출 난 재능을 가진 앤 스팽글러의 값진 노력이 없었다면, 이 책은 아직도 내 컴퓨터에서 잠자고 있을 것이다. 아울러 틴데일하우스 출판사의 전문적이고도 헌신적인 팀, 특별히 내 책을 편집한 리사 잭슨에게 고마움을 전한다.

내 인생의 모든 좋은 것의 기초는, 그 감사함을 말로 다 표현해낼 수 없는 놀라우신 아버지 하나님이시다.

"하나님 아버지, 우리가 함께 나눈 대화와 시간, 그리고 내게 그렇게 관대하게 쏟아주신 인도하심과 사랑, 은혜에 감사드립니다. 아버지는 제게 위안과 안정 그리고 능력이 주님의 방법, 진리, 생명에 있음을 보여주셨습니다. 제가 주님의 백성을 섬기듯 주님을 섬기게 되기를 간절히 소망합니다. 이 책을 읽는 이들이 기도와 금식이라는 영적인 훈련을 하면서 당신의 아들의 사랑과 지식과 은총 안에서 자라가기를 기도드립니다."

다니엘 금식

초판 1쇄 발행 2016년 11월 11일
개정판 1쇄 발행 2020년 10월 23일
개정판 2쇄 발행 2023년 11월 2일

지은이 수잔 그레고리
옮긴이 임신희

펴낸이 정선숙

펴낸곳 협동조합 아바서원
등록 제 274251-0007344
주소 경기도 고양시 덕양구 삼원로 51 원흥줌하이빌 606호
전화 02-388-7944 **팩스** 02-389-7944
이메일 abbabooks@hanmail.net